C.H.BECK WISSEN

in der Beck'schen Reihe

Hunderttausend tote Bauern – die Zahl lief um im Reich und war allgemein die grobe Aufsummierung dessen, was man gerüchteweise von den Schlachten des Bauernkriegs gehört hatte. „Das vergossene Blut des Jahres 1525", schrieb ein Schweizer Beobachter, sei ausreichend, „alle Tyrannen zu ertränken". Waren die Forderungen und Aktionen des *Gemeinen Mannes* so *revolutionär*, daß Fürsten und Adel sie wie Hochverrat und Landfriedensbruch behandeln mußten? Peter Blickle erklärt im vorliegenden Band, wie die Aufständischen einen Diskurs über Freiheit und Gerechtigkeit auslösten, der im Erfolgsfall zur Ausweitung kommunaler Rechte der Dörfer und Städte geführt und damit das Reich stark republikanisiert hätte. Daß der Bauernkrieg zur Revolution werden konnte, ist nicht zuletzt den Reformatoren geschuldet, mehr Huldrich Zwingli als Martin Luther. Schon deswegen, aber auch wegen seiner großen Ausdehnung in der Schweiz und Österreich, ist er nicht nur ein *deutscher*. Auch war er keineswegs folgenlos. Der Autor hebt heraus, daß die nach der militärischen Niederwerfung geschlossenen Verträge den Untertanen für ihre Person und ihren Besitz Rechte mit verfassungsmäßigen Garantien einräumten, die modernen Menschen- und Bürgerrechten nahekommen. Er zeigt weiter, wie die gescheiterte Revolution von 1525 seit 200 Jahren für Nationalismus, Sozialismus und Liberalismus nutzbar gemacht wurde und auch auf diese Weise geschichtlich weitergewirkt hat.

*Peter Blickle* ist Professor em. für Neuere Geschichte an der Universität Bern. Er ist ein international renommierter Fachmann auf dem Gebiet der Erforschung von Bauernkrieg und Reformation. Im Verlag C.H.Beck sind von demselben Autor lieferbar: *Von der Leibeigenschaft zu den Menschenrechten* ($^{2}$2006) und *Das Alte Europa* (2008).

Peter Blickle

# DER BAUERNKRIEG

## Die Revolution des Gemeinen Mannes

Verlag C.H.Beck

Mit 10 Abbildungen und einer Karte

Erste Auflage. 1998
Zweite, durchgesehene Auflage. 2002
Dritte Auflage. 2006

Vierte, aktualisierte und überarbeitete Auflage. 2012

Originalausgabe

Satz, Druck u. Bindung: Druckerei C.H.Beck, Nördlingen
Umschlagentwurf: Uwe Göbel, München
Printed in Germany
ISBN 978 3 406 43313 9

*www.beck.de*

# Inhalt

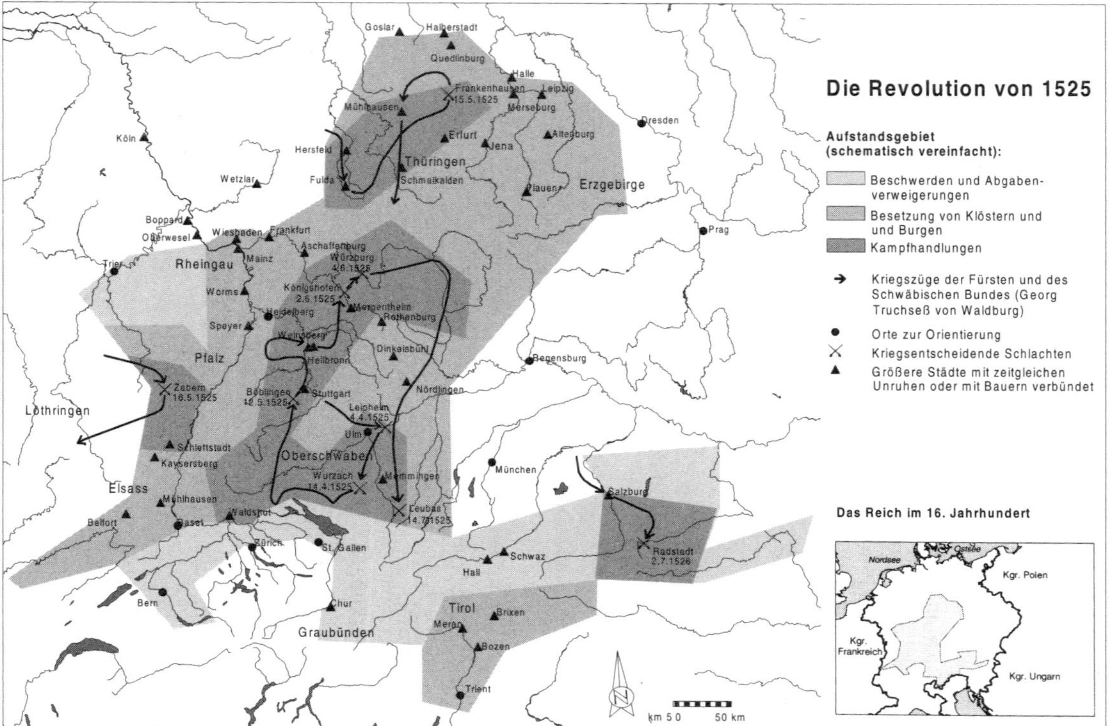
Die Revolution von 1525
Aufstandsgebiet (schematisch vereinfacht):
Beschwerden und Abgabenverweigerungen
Besetzung von Klöstern und und Burgen
Kampfhandlungen
Kriegszüge der Fürsten und des Schwäbischen Bundes (Georg Truchseß von Waldburg)
Orte zur Orientierung
Kriegsentscheidende Schlachten
Größere Städte mit zeitgleichen Unruhen oder mit Bauern verbündet
Das Reich im 16. Jahrhundert
Nordsee
Ostsee
Kgr. Polen
Kgr. Frankreich
Kgr. Ungarn
Goslar
Halberstadt
Quedlinburg
Halle
Frankenhausen 15.5.1525
Leipzig
Merseburg
Mühlhausen
Erfurt
Jena
Altenburg
Dresden
Köln
Hersfeld
Thüringen
Schmalkalden
Fulda
Wetzlar
Plauen
Erzgebirge
Boppard
Oberwesel
Wiesbaden
Frankfurt
Prag
Mainz
Aschaffenburg
Würzburg 4.6.1525
Trier
Rheingau
Königshofen 2.6.1525
Worms
Mergentheim
Heidelberg
Rothenburg
Speyer
Weinsberg
Dinkelsbühl
Heilbronn
Pfalz
Regensburg
Zabern 16.5.1525
Böblingen 12.5.1525
Stuttgart
Nördlingen
Lothringen
Leipheim 4.4.1525
Ulm
Schlettstadt
Kaysersberg
Oberschwaben
München
Wurzach 14.4.1525
Memmingen
Elsass
Salzburg
Mühlhausen
Waldshut
Leubas 14.7.1525
Belfort
Basel
Zürich
St. Gallen
Radstadt 2.7.1526
Schwaz
Hall
Bern
Chur
Tirol
Brixen
Graubünden
Meran
Bozen
Trient
km 50
50 km

# Einleitung – Standortfragen

Seitdem sich die Gegenwart mit der Vergangenheit in einem großen Kontinuum sieht, gehört der *Bauernkrieg von 1525* in Deutschland zu den Ereignissen von nationalem Rang. Dafür hatte einer der Begründer der *kritischen Geschichtswissenschaft* und gleichzeitig auch einer ihrer bedeutendsten Repräsentanten gesorgt, Leopold Ranke. Heute indessen spielt 1525 in der internationalen Geschichtswissenschaft eine erheblich größere Rolle als in der nationalen, und die begriffliche Abbildung als Bauernkrieg ist längst nicht mehr konkurrenzlos.

Ranke hat dem Bauernkrieg im Rahmen seiner Reformationsgeschichte von 1839 den Stellenwert zugeschrieben, den er für mehr als 100 Jahre haben sollte und – angesichts des Ansehens, das Ranke in der akademischen Welt genoß – haben durfte. Von ihm stammt die Metapher vom „größten Naturereignis des deutschen Staates". Zwar wurde der Aufstand durch die wachsende „Bedrückung des Bauernstandes" und die „Verfolgung der evangelischen Lehre" ausgelöst. Beides hätte sich beheben lassen, doch „die siegreiche Menge wird niemals verstehen, innezuhalten". Allein Zerstörungswut konnte Ranke wahrnehmen, die sich mit dem „Fanatismus" des revolutionären Theologen Thomas Müntzer paarte. „Glücklicherweise" ist der Bauernkrieg gescheitert. Ranke hat den Bauernkrieg als ein negatives Ereignis ausgezeichnet, das zwar zur Nationalgeschichte gehörte, sich aber positiv in einer sinnstiftenden Weise für die Gegenwart nicht integrieren ließ. Die Bewegung unterlag dem Gesetz der Irrationalität und der Wut der „Menge", wie er sagte.

Von seinen begrifflichen Kategorien kam als erste die *irrationale Menge* in Bedrängnis. Das war zunächst der Arbeiterbewegung geschuldet und der damit verbundenen Neudefinition der Menge als *Volk* und *Klasse* durch Karl Marx und Friedrich Engels. Seitdem gab es eine theoretische Diskussion über die geschichtliche Bedeutung der *Menge*, die im 19. und 20. Jahrhundert zu den Beschäftigungen der Intellektuellen weltweit gehörte. Wo hätte sich ein besserer historischer Prüfstein angeboten als im Bauernkrieg? Friedrich Engels hat ihn 1850 für den internationalen Marxismus als ein würdiges Belegstück für den Klassenkampf ausgezeichnet, die Akademie der Wissenschaften der UdSSR wie so oft die erste empirische Kärrnerarbeit geleistet (Moisej Mendeljewitsch Smirin). Die Menge Empirie, die man an einem Schreibtisch in Rußland zur Verfügung hatte, war freilich klein.

Wenig Theorie und viel Empirie hingegen enthielt ein Buch, das im Klima einer durchaus positiven Bewertung des *Volkes* in den zwanziger und frühen dreißiger Jahren entstanden und 1933 publiziert worden war, „Der deutsche Bauernkrieg" von Günther Franz. Sein methodischer Zugriff, über die Beschwerden der Bauern das Ereignis zu entschlüsseln, entzerrte Reformation und Bauernkrieg. Jetzt wurde er eine politische Bewegung, aber dennoch nicht kontinuitäts- und identitätsstiftend. Mit dem Urteil, der Bauer sei nach dem Bauernkrieg aus dem politischen Leben der Nation ausgeschieden, wurde eine von Rankes Positionen, nämlich die Unerheblichkeit der Menge für den Fortgang der deutschen Geschichte, nochmals befestigt.

Als frühes Beispiel einer *dichten Beschreibung* in Form einer *Erzählung* ist das Franzsche Buch an Abstraktionen und Generalisierungen wenig interessiert. Die Bauern wollten, unter Respektierung ihrer gemeindlichen Rechte, einen starken Kaiser, ansonsten sind die Ziele regional sehr verschieden. Die Thesen von Franz sind nicht scharf, sondern geschmeidig; entsprechend wandlungsfähig blieben sie. Ein faschistisches Machwerk wurde das Buch durch die Bauernkriegsforschung in der Sowjetunion und der Deutschen Demokratischen Republik, die beharrlich darauf herumtrat, so als müßten die Straßenschlachten zwischen Nationalsozialisten und Kommunisten aus der Weimarer Zeit nochmals, jetzt in der papierenen Form von Aufsätzen, geschlagen werden. Als die Profilierungsphase in der Deutschen Demokratischen Republik durchlaufen war, konnte selbst der Doyen der marxistischen Forschung, Max Steinmetz, für Günther Franz einen Beitrag zu dessen Festschrift schreiben.

Die Marxisten in Deutschland hatten sich nach 1960 zu Wort gemeldet. Sie borgten von Marx, Engels und Smirin die Theorie, die Empirie lag in den Archiven und war ansonsten als Literatur zu greifen, in Leipzig und Berlin (Ost) jedenfalls leichter als in Moskau. In wenigen Jahren *stand*, dank einiger geschickter intellektueller Operationen von Günter Vogler und Adolf Laube, das Konzept der *Frühbürgerlichen Revolution*. Begrifflich waren damit Reformation und Bauernkrieg, die im Westen getrennt voneinander lebten, unter einem Dach geborgen.

*An der Mauer* standen sich nicht nur zwei Militärsysteme gegenüber, sondern auch zwei Weltdeutungssysteme. 1525 verdankt viel dem Umstand, daß der Kalte Krieg in Deutschland seine topographische Mitte hatte. Es konnte gar nicht ausbleiben, daß die richtige Weltdeutung gerade hier sich an der Reformation bewähren mußte, wo doch die Deutschen, jedenfalls die herrschenden Eliten, ihr Weltbild aus ihrer protestantischen Überzeugung oder einer protestantischen Sozialisation zogen. Da die Reformation jedoch nicht den Deutschen als Eigentum gehört, sondern dank ihrer weiten Ausbreitung in Form lutherischer, calvinischer und presbyterianischer Landeskirchen und Gemeinden Europa, wenn nicht der Welt, waren, pathetisch gesprochen, das christliche Abendland und der Kommunismus das Referenzsystem für die Interpretation von 1525.

*Das christliche Abendland* litt dennoch unter einer fortschreitenden Entkonfessionalisierung im 20. Jahrhundert mit einer entsprechenden Relativierung von theologischen Sicherheiten. Sie setzte, beginnend schon im frühen 20. Jahrhundert und steil aufsteigend zwischen 1960 und 1990, eine schier unglaubliche *Müntzer-Forschung* frei, die naheliegenderweise zu einer positiveren Bewertung seiner Person führte, damit aber auch der des Bauernkriegs. Raffiniert waren die intellektuellen Operationen der Täuferforschung, zumindest im Hinblick auf die erzielte Wirkung, die in den bislang pazifistischen, weltabgewandten Täufern und ihren urchristlichen Überzeugungen die Bauern des Bauernkriegs und deren Programme wiedererkannte. Angesichts der Internationalität der Täuferbewegung und der Täuferforschung rückte auch auf diese Weise der Bauernkrieg fast in den Rang eines weltgeschichtlichen Ereignisses.

Das materialistisch-malthusianische *Hoch*, das den einprägsamen Namen *Annales* trug und jahrzehntelang über Europa lag, unterstützte gewissermaßen klimatisch die Erforschung des Bauernkriegs. Bauern genossen jetzt als Produzenten der materiellen Basis der Kultur eine höhere Aufmerksamkeit; gesellschaftliche Konflikte, fügte die deutsche Sozialgeschichte hinzu, sind die treibenden Kräfte geschichtlichen Wandels. So konnte der Bauernkrieg, der umgangssprachlich schon längst Revolution hieß (ohne daß dieser Mantel theoretisch gut angemessen war), zu einem Brennpunkt geschichtstheoretischer und methodologischer Grundsatzdebatten werden.

Erst eine breite, aus den Archiven kommende empirische Forschung in Deutschland machte den Bauernkrieg zu einem internationalen Forschungsgegenstand. In Amerika und Kanada, China und Japan, England und Frankreich, Italien und Tschechien wurden und werden heute große Monographien zu 1525 geschrieben, die das Ereignis auf ganz andere und damit insgesamt umfassendere Weise durch die unterschiedlichen kulturellen Hintergründe ihrer Autoren aufschließen als je zuvor. Auch gibt es heute keine umfassende moderne Geschichte der Revolutionen, in welcher *der Bauernkrieg* nicht seinen respektierten Platz hätte. Das verdankt er seiner seit nun fast vierzig Jahren gebräuchlichen Interpretation als *Revolution des gemeines Mannes*.

# 1. Tyrannei und Aufruhr – das erschrockene Reich

„Solche Uffrur" wie jener von 1525 „ist mit Tyrrani gelegt und gestillet worden", urteilte Johannes Stumpf, ein Pfarrer im Zürcher Oberland und ein Freund des Schweizer Reformators Huldrich Zwingli. „Dan Tyrrani und Uffrur gehören zusamen, es ist Deckel und Hafen". Stumpf war ein Parteigänger der Reformation, aber er war auch Humanist, ausgebildet an den Universitäten Heidelberg und Freiburg. Als solcher lokalisierte er die Ereignisse, die im historischen Bewußtsein in einer unklaren Redeweise als *Bauernkrieg* fortleben, mit den staatstheoretischen Kategorien der griechischen Antike. Entartete Monarchie und verkommene Adelsherrschaft, Tyrannei eben, hatten zum Aufruhr geführt, und wiederum war der Aufruhr durch neue Tyrannei niedergeschlagen worden. Seine Bilanz, die er abschließend zog, fiel verheerend aus. Seit dem „Anfang der Christenheit" sei „uff ein Jar nie sovil Christenblut vergoßen [worden] durch den Henker. Gott hatt die Armen gestraft. Der Tyrannen Urteil stat vor der Thür". Vor seiner eigenen Tür hatte der erste Akt des Aufstandes stattgefunden, zwischen Basel und dem Bodensee, diesseits und jenseits des Rheins, auf deutscher und schweizerischer Seite. Es war ein Aufstand von der Dauer *eines* Jahres, wie Stumpf richtig beobachtete. Er begann in der Erntezeit des Sommers 1524 am Hochrhein und endete ein Jahr später nach den großen Schlachten in Württemberg, im Elsaß und in Thüringen – von einem eigentümlichen Epilog im Sommer 1526 im Salzburgischen abgesehen, wo die radikalen und elitären Revolutionäre in einem schieren Verzweiflungsakt nochmals versuchten, den Ereignissen eine entscheidende Wende zu geben.

Als hätte das Kirchenjahr den Bauern den Rhythmus für ihre Aktionen vorgegeben, läßt sich der Ereignisablauf in vier eindeutig unterscheidbare Sequenzen zerlegen. Eine erste vom Sommer bis Weihnachten 1524 reichend, regional noch beschränkt auf die dem Rhein nahen Landschaften Schwarzwald, Klettgau, Stühlingen, Thurgau und Hegau. Eine zweite, in der Fastnacht 1525 kulminierend und mit dem Ostersonntag jäh abbrechend, in der im angrenzenden Oberschwaben das Programm der Bewegung entwickelt wurde, dem sie unter theoretischen Gesichtspunkten die Bezeichnung Revolution verdankt. Eine dritte reichte von Ostern bis in die Mitte des Monats Mai, eingerahmt durch Akte der Gewalt, beginnend mit der Ermordung der adeligen Besatzung von Weinsberg durch die Bauern und endend mit den Schlachten im württembergischen Böblingen, im thüringischen Frankenhausen, im elsässischen Zabern, im fränkischen Königshofen, die ihren Namen nicht nur als kriegerische Auseinandersetzungen verdienen. Die gewalttätige Phase war auch jene der größten räumlichen Ausdehnung, der Südwesten des Reiches, das Elsaß eingeschlossen, war davon ebenso betroffen wie Thüringen und Franken, noble Fürstentümer wie Kurmainz, Kurpfalz und Württemberg waren handkehrum in Bauernhand, nicht nur Junkerland. In langen Wellen lief der Aufstand nach Süden in die Alpenländer, nach Salzburg, Tirol und Graubünden oder, um genauer zu sein, in die Erzstifte und Hochstifte Salzburg, Brixen, Trient und Chur. Aber auch dort fand die Unruhe bald ihr Ende, wegen des Rhythmus der Natur. Bauern revoltieren vor oder nach der Ernte.

## *Die gottliche, natürliche Billigkeit, Vernunft und Verstand* – zwischen Schwarzwald und Bodensee

In Thayngen, auf dem halben Weg zwischen Schaffhausen und Singen, drängte die Gemeinde seit dem Juni 1524 darauf, ihren Pfarrer zu wählen. In Adam Bärtz fand sie einen Priester, der ihr wunschgemäß *das reine Evangelium* predigte. Das allerdings zeitigte für Beobachter das doch befremdliche Ergebnis, daß die Altäre und Bilder der Heiligen „mit grosser Verachtung uß der Kirchen getan, dieselbe zerschlagen und ettlich in Offen geschoben und verbrennt“ wurden und die Untertanen ihrer Grundherrschaft, dem Kloster Petershausen, „nit mer in ainichem Weg pflichtig noch gehorsam“, sondern frei sein wollten. Die Gewaltakte gegenüber den Altären und Bildern waren in Wahrheit rituelle Anschläge auf die Kirche, die Abgabenverweigerung kündigte an, daß man der Herrschaft manche Rechte bestreiten wollte. Aus einem Nachbarort schrieb ein verängstigter Priester aufgeregt der österreichischen Regierung im elsässischen Ensisheim zur gleichen Zeit, seine Schäflein „wellend den Adel erwurgen und die Pfaffen alle“. Rasch wurde von den Herren und Obrigkeiten der Schafe wahre wölfische Natur entdeckt, jedenfalls wurde dies rhetorisch so dargeboten.

Die Wahrheit freilich war komplizierter. Mehrere oberdeutsche Chronisten berichten übereinstimmend, so als wollten sie den Tenor von Johannes Stumpf kontrapunktisch ausgestalten, die Frau des Grafen von Lupfen habe die Bauern in der Landgrafschaft Stühlingen Schneckenhäuschen sammeln lassen, um darauf ihr Garn zu wickeln. Falls die Geschichte nur eine Metapher sein sollte, war sie bauernschlau erfunden. Die in ihr chiffrierte Wahrheit verbarg eine doppelte herrschaftliche Arroganz, denn erstens sammelten Bauern keine Schneckenhäuschen, zu keinen Zeiten, wie finster auch immer sie gewesen sein mochten, und zweitens leisteten sie außerordentliche Frondienste nicht zur Erntezeit, und es war Erntezeit, wie die Chronisten nicht vergaßen zu bemerken. Die Bauern reagierten mit Drohgebärden. Am 23. Juni wurde ein Fähnlein aufgeworfen, man spielte also den kriegerischen *Haufen*, und wählte demonstrativ einen erfahrenen Landsknecht, Hans Müller von Bulgenbach, zum Hauptmann. Er sollte noch von sich reden machen, im Herbst und dann wieder im nächsten Jahr. Mit seiner charismatischen Begabung hat er zweimal die Schwarzwälder Bauern hinter sich geschart, Freiburg im Breisgau zur Kapitulation gezwungen (und den Schwarzwaldurlauber und ehemaligen Bundespräsidenten Gustav Heinemann beeindruckt).

Was sich in der Landgrafschaft Stühlingen in den vergangenen Generationen an Konflikten angestaut hatte, zeigt eine mächtige Klageschrift von 62 Artikeln, die später beim Reichskammergericht als dem höchsten Gericht im Heiligen Römischen Reich deutscher Nation eingereicht wurde – die Leibeigenschaft sei hart, die hohen Steuern seien unbillig, die Mißstände in der Rechtspflege unerträglich. Die Schrift schließt mit der Empfehlung der stolzen Bauern an die Reichskammerrichter, sie sollten in ihrem Urteil „erwegen die gottliche, naturliche Pillickeit, Vernunft und Verstand". Die Realität sollte auf den Prüfstand des Rechts, und was Recht sei, sagten göttliche Rechtsordnung, natürliche Gerechtigkeit und vernünftige Verständigkeit.

Rechtsbewußtsein schließt Emotionen nicht aus. Sie führten zu einem Bündnis mit den Waldshutern, in deren Wirtshäusern man ohnehin gern einen Trunk nahm, angesichts der kurzen Wegstrecke von zwei, drei Stunden. Dort wirkte in der Stadtpfarrei Balthasar Hubmaier. Seinen Namen als Prediger hatte er sich in Regensburg gemacht, wo er der *Schönen Madonna*, einer steil aufgehenden Wallfahrt, Zehntausende von Pilgern zugeführt hatte. 1521 war er nach Waldshut gewechselt, hatte im intellektuellen Reizklima der oberdeutschen Humanisten eine kritische Distanz zur Kirche und eine enge Beziehung zu Zwingli gefunden. Dem Stadtherrn, Erzherzog Ferdinand von Österreich, galt er schon früh als Häretiker, doch die Gemeinde vereitelte jede Auslieferung an die Regierung oder den Konstanzer Bischof. „Ist derselbig Doctor Baltasar ain Anfänger und Aufwiegler gewest des ganzen bäurischen Kriegs", meinte im nahen Kloster St. Blasien der dort amtierende Notar. Das Urteil hat sich nicht bestätigen lassen, wiewohl später der Bischof von Wien damit auch Hubmaiers Verbrennung begründete.

Jenseits des Rheins und am Südufer des Bodensees gärte es gleichfalls. Zwar gehörte das Gebiet zur Eidgenossenschaft, aber es unterstand ihr nicht viel anders als das nördliche Bodenseegebiet dem Reichslandvogt von Oberschwaben. Auch im eidgenössischen Thurgau gab es Adelige und Klöster, von denen die Bauern ihre Güter hatten und deren Leibeigene sie waren. Dort hatten die Stammheimer rechtswidrig einen evangelischen Prediger berufen, der vom amtierenden eidgenössischen Landvogt umgehend verhaftet wurde. Daraufhin

Abb. 1: Bauern stürmen die Kartause Ittingen und setzen sie versehentlich in Brand. Aquarellierte Federzeichnung von Heinrich Thomann (1544–1618) in einer Abschrift von Heinrich Bullingers (1504–1575) Reformationschronik. Zentralbibliothek Zürich, Ms B 316 f. 139.

dröhnten am 17. Juni von allen Kirchen der Gegend die Glokken über den Rheinfall. Sie brachten 5000 Bauern auf die Beine, um den gefangenen Prädikanten zu befreien. Die Aktion mißlang, folglich war die Stimmung gereizt. Übermüdet und hungrig hielt man nach einem Gasthaus Ausschau und hielt schließlich nach der Größe und dem Preis die nahe Kartause Ittingen für besonders geeignet. Das erste Kloster wurde gestürmt und Küchen und Keller wurden geleert, daß es schließlich auch noch brannte, war vermutlich ein Versehen (Abb. 1).

Der übliche Winternebel am Bodensee machte die Verhältnisse im Oktober und November immer unübersichtlicher. Im Hinterland von Waldshut organisierten sich die Hauensteiner auf dem Schwarzwald (mühelos wie immer, weil sie eine semi-republikanische Verfassung hatten) und besetzten das Kloster St. Blasien, später auch St. Trudpert. Daß sie vorsorglich zum Schutz vor anderen Rebellen vom Abt selbst aufgeboten wurden, steht in den Korrespondenzen. Ostwärts von

Waldshut rührte sich der Klettgau, eine mit Zürich verbündete Grafschaft, in der sich früh Zwinglis Einfluß bemerkbar machte. Daraus zogen die Bauern gehörige legitimierende Argumente für ihre Renitenz, die sie schon von ihren Vätern geerbt hatten. Die Pfandherren der Grafschaft, die Herren von Sulz, saßen im Dienste König Maximilians über den Regierungsakten in Innsbruck, während sie, die Bauern, schutzlos den kriegerischen Verwüstungen von 1499 preisgegeben waren, die im Schwabenkrieg beziehungsweise Schweizerkrieg (die wechselnde Namengebung ist lediglich eine Frage des Standorts) an der Grenze besonders verheerende Folgen haben mußten. Ob die Klettgauerinnen Gras essen mußten wie die Vinschgauerinnen, weil das Vieh weggetrieben, die Ernte verbrannt und die Vorräte geraubt waren, ist zwar nicht bekannt, aber das Herrschaftsverhältnis wurde zunächst einmal gekündigt. Das schwäbische Landrecht hatte feudale Selbstverständlichkeiten in den Satz gekleidet, „wir sullen den Herren darumbe dienen, daß si uns beschirmen"; fehlt dieser Schutz und Schirm, entfallen auch die Rechtsgrundlagen für die Dienste der Bauern. Die von Zürich herübergreifende Reformation lieferte diesem Rechtsargument noch eine kleidsame theologische Ummantelung. Sie wollten, schrieben die Klettgauer an den Zürcher Rat, „alles das, so gotlich und billich ist, auch christenlich zegeben und nemmen, unseren gnedigen Herrn obgemelt, gern und mit willen furan, wie bisher geben". Die Forderungen des Herrn von Sulz, das wollte diese verklausulierte Wendung sagen, finden ihre Grenze dort, wo sie sich nicht als göttlich und billig ausweisen können.

Bis zur Jahreswende hatten die Bauern am Hochrhein von Basel bis Konstanz jedenfalls ihre Artikelbriefe geschrieben, ihre Organisation aufgebaut, sie durch Eide gesichert und schließlich ihren Forderungen damit Nachdruck verliehen, daß sie die Abgaben an ihre Herren einfroren. Hektische Korrespondenzen gingen von Innsbruck in die habsburgischen Vorlande, an die Regierung in Ensisheim, an die Vögte und an die Bürgermeister. Die Großmacht Habsburg wurde von ein paar Hundert Bauern vorgeführt, und der Adel ritt im Hegau hilflos herum und beklagte die fehlenden Söldner und die für deren Besoldung erforderlichen, aber aus Innsbruck nicht einkommenden Gelder. Dem mußte ein Ende gemacht werden.

Erzherzog Ferdinand bestellte Georg Truchseß von Waldburg als Feldhauptmann. Das war ein geschickter Griff, der sich bezahlt machen sollte, jedenfalls später. In den Waldburger Häusern figuriert er in der Ahnengalerie gelegentlich auch als Wallenstein des 16. Jahrhunderts; in der Region, aus der er stammt, wird er Bauernjörg geheißen, und die Leute meinen damit, er habe mit den Bauern kurzen Prozeß gemacht.

Zunächst einmal hat Georg Waldburg die Vorgänge am Hochrhein in eine operationalisierbare Klassifikation gebracht. Als er im Februar 1525 gegen die Hegauer vorrückte, verlangte er von ihnen die bedingungslose Unterwerfung, und „wo ihr das nit thuet, so werdt ich gegen euch alß Verbrecher und Überfahrer des Reichs Reformation und Landt Fridens [...] handlen". Bisher waren unruhige, prozessierende und revoltierende Bauern nicht Landfriedensbrecher genannt worden. Die vorgängigen Unruhen im Zeichen des *Bundschuhs* (ein bäuerliches Symbol im Gegensatz zum gespornten Stiefel des Ritters) zwischen Basel und Speyer, ja selbst der gewalttätige Aufstand des *Armen Konrad* im Herzogtum Württemberg 1514 galten nicht als Landfriedensbruch. Zwar waren auch diese Unruhen kriminalisiert worden, aber mit dem Argument, die Rebellen hätten eine Beseitigung der Herrschaft beabsichtigt, adressierte man an sie, modern gesprochen, den Vorwurf des Hochverrats. Das Hochverratsargument wäre an der Jahreswende zu 1525 eine stumpfe Waffe gewesen, weil nicht die Herrschaftsordnung als solche in Frage gestellt wurde, sondern lediglich herrschaftliche Praktiken gerügt wurden. Landfriedensbrecher konnten nach dem Ewigen Reichslandfrieden von 1495 nur Adelige sein. Deren Fehden wollte der Reichslandfriede unterbinden, für immer, auf ewig, und folglich bestand für alle Reichsstände das Recht und die Pflicht, Landfriedensbrecher militärisch niederzuwerfen. Die Bauern so zu nennen war ein geschickter Alarmismus des Waldburgers, den politisch freilich der blutjunge, spanisch erzogene

Erzherzog Ferdinand von Österreich zu verantworten hatte. Aus dessen Kanzlei waren schon vor Monaten Briefschaften in die vorderen habsburgischen Lande gegangen (Vorderösterreich), in denen die Bauern wechselweise als Bundschuher, Reichsfeinde und Friedbrecher denunziert worden waren. Damit ließ sich der Krieg gegen die Bauern eröffnen. Daraus wurde zunächst nichts, weil die militärischen Mittel fehlten. So herrschte an der Jahreswende zu 1525 eigentlich Ruhe im Reich. Es war eine Inkubationszeit, aus der heraus sich schließlich die bäuerliche Programmatik entwickelte, jetzt nicht mehr am Hochrhein, sondern im angrenzenden Oberschwaben.

## *Ob aber Got die Pauren erhören will, wer will den Willen Gotes tadlen* – Oberschwaben

Nahe Ulm an der Donau begannen um Weihnachten 1524 in Baltringen erste Konspirationen der Oberschwaben. Erstaunt berichten die Chronisten, wie rasch die bäuerlichen *Haufen*, wie sie sich wegen ihrer paramilitärischen Organisation in Anlehnung an die Landsknechte nannten, auf 10000 und mehr Mann hinaufgetrieben werden konnten. Freilich war die Region in Renitenz nicht ungeübt.

Namentlich Äbte und Mönche hatten sie erfahren müssen, Kempten 1491, Ochsenhausen 1498 bis 1502, die einen früher, die anderen später. Offenbar führte eine als unangemessen hoch eingestufte Abschöpfung vom Ertrag der bäuerlichen Arbeit zu derartigen Unruhen. Die zweite Hälfte des 15. Jahrhunderts war in Oberschwaben die Zeit, da die Romanik als veraltet galt und die Klöster spätgotisch umgerüstet wurden. Das war keine sanfte Sanierung, sondern bedeutete Abbruch und Neubau. Die stillen Verehrer Eduard Mörikes, die der *Schönen Lau* im Blautopf von Blaubeuren ihre Reverenz erweisen, lernen auch die dortige Klosteranlage kennen, deren Ausmaß beeindruckend, deren Kirche erhebend und deren Hochaltar schlechthin überwältigend schön ist. So sah Oberschwaben um 1500 aus, allein eine zweite Modernisierungswelle dieser ansonsten als ziemlich rückständig geltenden Region (namentlich im Urteil Hamburger Wochenmagazine), nämlich die barocke, hat die Gotik abgeräumt. Daß die Bauern für eine überbordende Repräsentationslust wenig Verständnis aufbrachten, hatten die Appenzeller, Rheintaler und St. Galler am 28. Juli 1489 gezeigt, als sie den fast fertigen Klosterneubau des Abtes von St. Gallen in Rorschach am Bodensee niederlegten und eine Bausubstanz von 80 Mönchszellen, einer Kapelle und einem Kreuzgang im Wert von 16 000 Gulden verwüsteten. Der heutige Gegenwert in Euro dürfte sich im zweistelligen Millionenbereich bewegen.

In Oberschwaben ging es weniger martialisch zu, jedenfalls blieb die Gewalttätigkeit rhetorisch und damit ironisch. An Fastnacht tanzen Männer gerne mit unverheirateten Frauen. Das wollten auch die Baltringer tun und wandten sich an das nahe Frauenkloster Heggbach, „da werent Junkfrauen genueg, mit denen wolten si ain Danz hon“. Etwas gröber wurden die Bauernweiber mit dem Vorschlag, die Nonnen „müessent nauß und die Küh melken“, sie selbst wollten sich ein paar schöne Tage im Kloster machen „und saubere Pelzlein tragen“. Die Nonnen machten aus der rhetorischen Mücke den sprichwörtlichen Elefanten mit ihrem unbegründeten Geschrei, „man würd uns in den gemainen Haufen treiben und das Häß ob dem Haupt zuesamen binden“, so als ob systematische Vergewaltigungen im Bauernlager angesagt seien. Doch auch das Klosterleben hat seinen eigenen Humor, und so konnten auch die Nonnen selber wieder herzlich lachen, als die Priorin pflichtbewußt unter ihre Betten kroch und darunter keinen einzigen Bauern fand.

Für die Organisation der Baltringer sorgte Huldrich Schmid von Sulmingen, für seine Kanzlei fand er einen halbwegs versierten Mann in dem Memminger Kürschnergesellen Sebastian Lotzer. Der war mit einigen Flugschriften als glühender Anhänger der Reformation hervorgetreten. Zunächst ließ man sich bei den Baltringern auf Gespräche mit den Vertretern des Schwäbischen Bundes ein, der seine Geschäfte im nahen Ulm betrieb. Als Landfriedensbund, in dem seit 1489 Fürsten,

Adelige, Prälaten und Städte zusammengeschlossen waren, oblag ihm nach der revidierten Verfassung von 1500 auch, Konflikte zwischen Untertanen und Herren beizulegen. Deswegen wurden noch Artikel in den Herrschaften, Dörfern, ja auch von einzelnen verfaßt, 300 an der Zahl waren es. Doch man konnte sich auf keine Richter einigen. Selbst das Reichskammergericht lehnte Huldrich Schmid schließlich als Gerichtshof ab, vielmehr reklamierte er jetzt als Maßstab „das gottlich Recht, das iedem Stand ußspricht [sagt], was ihm gebürt ze thuon oder ze lassen". Die Gesandten des Bundes stellten ihm eine Falle. „Lieber Huldrich, du fragest nach gottlichem Recht. Sag an, wer wirt sollich Recht ußsprechen? Gott wirt ja langsam von Himel komen herab und uns ainen Rechtstag anstellen". Huldrich Schmid ging um diese Falle herum und mit ihm die gesamte Bewegung von 1525. Er wollte alle Priester ermahnen, zu Gott zu beten, „das er uns gelehrte, frome Männer, die disen Spann nach gottlicher Geschrift wissen zu urtailen und ze entschaiden, anzaigen und verordnen welle". Das war der Durchbruch zu einem völlig neuen Rechtsverständnis und gleichzeitig die Abkoppelung von einer mehrhundertjährigen Tradition des *Alten Rechts*. Das Evangelium sollte Maßstab für eine gerechte Ordnung sein, Theologen als Richter sollten darüber befinden. So standen die Dinge Ende Februar 1525. Und sie standen schlecht, denn die Bauern und die Herren standen in einem rechtlichen und in einem politischen Niemandsland gleichermaßen. Die Dynamik der Entwicklung resultierte aus zeitgleich parallelen Vorgängen im Allgäu und am Bodensee.

Im Allgäu, dem zweiten oberschwäbischen Aufstandszentrum, vereinigten sich die Bauern am 14. Februar 1525 in Sonthofen zu einem Bund, der zwei Wochen später als „Christliche Vereinigung" durch eidliche Bekräftigung noch enger geknüpft wurde. „Bei ainander bestan", wollten die Allgäuer, „und bei dem heiligen Evangelio und bei dem Wort Gottes und bei dem heiligen Rechten und einander zu Recht helfen und darzu und daran setzen Leib und Gut". So wurden (wenn auch unter Verzicht auf die Anrufung des Evangeliums) Eidgenossenschaften schon immer gestiftet, auch die Schweizer Eidgenossenschaft von 1291. Darin lag aber viel Brisanz, denn potentiell konnte daraus eine neue politische Ordnung keimen. Erzherzog Ferdinand wurde die Gründung des Bundes schriftlich mitgeteilt, auch dem Schwäbischen Bund in Ulm. Offenbar wurden auch *Artikel* mitgeschickt, vermutlich jene, die von den Augsburger Untertanen ausgearbeitet worden waren und sich wegen ihrer lakonischen Kürze und ihres hohen Abstraktionsgrades als generelles Programm gut eigneten. Sie verlangten, gerafft zusammengefaßt, erstens die Verbürgerlichung der Geistlichkeit, das heißt Aufhebung des gesonderten Gerichtsstandes und der Steuer- und Abgabenfreiheit, zweitens die Freiheit, ausgedrückt in den drei Forderungen, keine Abgaben im Todesfall mehr zu entrichten, „Todfell nit mehr geben", den Ehepartner frei wählen zu können, „Heuratten, wa sie wellendt", und freizügig zu sein, „Freien Zuog, hinder wen sie wellendt". Hinzu kam drittens der Anspruch nach Freigabe von Jagd und Fischerei. Es scheint, als habe Ferdinand diese Artikel als offizielle Programmatik des Aufstandes verstanden. Sie spielten jedenfalls in der diplomatischen Korrespondenz der Habsburger mit europäischen Königshäusern eine prominente Rolle, auf die noch zurückzukommen sein wird.

Es lag nahe, die Aktivitäten der Allgäuer und der Baltringer zu koordinieren und dazu auch die Bodenseer hinzuziehen, die als dritter oberschwäbischer Haufen in Rapperswil ihr organisatorisches Zentrum hatten. Die Wahl eines gemeinsamen Beratungsortes fiel auf Memmingen, was sich einerseits aus den engen persönlichen Kontakten von Sebastian Lotzer zu Memmingen erklärt, andererseits aus dem guten Ruf, den die Stadt wegen ihrer bejahenden Haltung zur Reformation genoß: Am Nikolaustag 1524 war in der Pfarrkirche St. Martin das Abendmahl in beiderlei Gestalt gereicht worden, aus der Weihnachtsliturgie machte die Gemeinde an der zweiten Pfarrkirche Unser Frauen eine Schlägerei mit dem altgläubigen Pfarrer Megerich, der ohne das Einschreiten des Bürgermeisters zu Tode gekommen wäre. So trieb man ihn in ein

Religionsgespräch, das am Dreikönigstag 1525 von Rat und Zunftvertretern zugunsten der reformatorischen Bewegung entschieden wurde.

Zwei Monate später trafen sich rund 50 Delegierte der drei Bauernhaufen in der Kramerzunftstube. Die Verhandlungen gestalteten sich wider Erwarten äußerst kompliziert, fast hätte man sich ergebnislos getrennt, denn die Allgäuer wollten „dapfer mit dem Schwert hindurch tringen", während die Baltringer noch immer auf einen friedlichen Ausgleich mit den Herren hofften. Schließlich einigte man sich doch. Beraten und verabschiedet wurden, wenn nicht schon bei dieser Zusammenkunft, dann doch spätestens bei der zweiten Versammlung eine Woche später, zwei Papiere.

Das erste kam unter dem schlagwörtlichen Titel *Zwölf Artikel* rasch in Umlauf, ergänzt um eine Liste jener Theologen, die über deren Rechtmäßigkeit urteilen sollten. Martin Luther, Philipp Melanchthon und die bedeutenderen Reformatoren aus dem süddeutsch-schweizerischen Raum, an ihrer Spitze Huldrich Zwingli in Zürich, waren darunter. Hier wurde ausgeführt, was Huldrich Schmid zuvor den Boten des Schwäbischen Bundes angekündigt hatte. Die Zwölf Artikel verraten formal wie inhaltlich die Handschrift der Baltringer. Im Gewand von Forderungen wurde die Einführung der Reformation in Form der Pfarrerwahl durch die Gemeinde verlangt, die Aufhebung der Leibeigenschaft, die Freigabe von Jagd und Fischerei, die Erweiterung der Gemeinderechte und zuletzt eine mäßige Abgabenerleichterung. Das war kein Aufschrei von Verarmten oder Geschundenen. „Artikel", wie sie hießen, waren schon von der Wortwahl her weder Bitten (Suppliken) noch Beschwerden (Gravamina), sondern Beweismittel und Setzungen für ein gerichtliches Verfahren, eingebracht von stolzen, selbstbewußten Bauern. „Ob aber Got die Pauren [...] erhören will, wer will den Willen Gotes tadlen", steht als rhetorische Frage in der Präambel der Zwölf Artikel.

Beraten und verabschiedet wurde aber als zweites, nicht minder wichtiges Dokument eine *Bundesordnung*, auf die sich alle Mitglieder der Haufen eidlich zu verpflichten hatten.

Damit war organisatorisch der Zusammenschluß der drei Haufen Baltringer, Allgäuer und Bodenseer vollzogen. „Landschaft" oder „Christliche Vereinigung" war dafür die offizielle, in den Korrespondenzen benutzte Bezeichnung. Ihren Charakter beschreibt man am treffendsten als Verfassung eines bündisch-korporativen politischen Verbandes, der (sieht man von der ungebrochenen Loyalität gegenüber dem Kaiser ab) auch republikanisch im freistaatlichen Sinn genannt werden kann. Jeder Haufe bestimmte vier Räte und einen Obersten als Repräsentativorgane der Gemeinden. Darüber hinaus wurde verfügt, daß alle Priester das *reine Evangelium* zu verkünden hatten, Burgen und Schlösser nur mit Mitgliedern der Vereinigung besetzt werden durften und Verträge mit den Obrigkeiten die Zustimmung der Vereinigung erforderten. Die Bundesordnung folgte den Optionen der Radikalen, näherte sich jedenfalls den Ordnungsvorstellungen, welche die *Christliche Vereinigung* im Allgäu schon entwickelt hatte. Zusätzlich konnte sie auf Erfahrungen zurückgreifen, die schon die Urgroßväter der Allgäuer gemacht hatten. 1406 war ein ganz ähnlich konstruierter *Bund* geschaffen worden, eine Parallelorganisation des *Bundes ob dem See*, mit dem sich die Appenzeller in einem spektakulären Akt den Weg von Untertanen des Abtes von St. Gallen zu einem gleichberechtigten Ort (Kanton) der Eidgenossenschaft gebahnt hatten.

In Ulm tobten die Räte des Schwäbischen Bundes, als sie von den Memminger Vorgängen erfuhren. Sie hatten offenbar den Eindruck gewonnen, daß die Bauern „des entlichen Gemüts und Willens seien, ihre Obern und Herrschafften, geistlich und weltlich, von Adel und Stetten gemeinlich und sunderlich underzuedrucken, sich frei darzuo inen selb Ordnung und Recht zue machen und zuesetzen, und niemand underworfen zue sein". Sie würden sich noch mehr erregt haben, hätten sie die Wirkung dieser beiden Papiere ahnen können. 28 Auflagen erlebten die Zwölf Artikel, elf die Bundesordnung. Keine andere Beschwerde- oder Programmschrift von 1525 ist gedruckt worden, nie mehr hatten Bauern ein solches Echo mit ihren politischen Vorstellungen. Selten auch ist so viel politische Kreativität entfaltet worden wie im März 1525 in der Kramerzunftstube in Memmingen. Sie wird man in einem eigenen Kapitel würdigen müssen. Dem Memminger Kulturamt verdankt man eine Gedenktafel an dem heute noch stehenden Haus, in dem im März 1525 mehrmals ein *Bauernparlament* tagte; der Ruhm, den die Paulskirche in Frankfurt genießt, will sich freilich nicht einstellen.

Die Reformatoren ließen nichts von sich hören. Der Schwäbische Bund hingegen betrieb fieberhaft – und nach der Schlacht von Pavia zwischen dem Kaiser und dem König von Frankreich auch erfolgreich – die Werbung von Landsknechten, um gegen die Bauern losschlagen zu können. Naturgemäß radikalisierte sich auch die Bewegung in Oberschwaben selbst – Ende März ging die erste Burg in Flammen auf, die Klöster wurden zur Verproviantierung eingenommen. Jetzt war der Landfrieden wirklich gebrochen.

Den einprägsamsten zeitgenössischen Bericht verdankt man dem Abt des Klosters Weißenau, Jacob Murer, der die Ereignisse, soweit sie sein Kloster berührten, nicht nur knapp und nüchtern beschrieb, sondern auch in elf handkolorierten Federzeichnungen beeindruckend lebendig ins Bild setzte. Seiner Darstellung zufolge waren bereits am Beginn des „burenkrieg" seine Untertanen mit Nachdruck aufgefordert worden, dem Bodenseehaufen beizutreten und hatten, trotz seiner Mahnung, ihren Untertaneneid zu halten, durch Abstimmung mehrheitlich entschieden, sich den Aufständischen anzuschließen.

Das hatte mit seiner zündenden Rede Stephan Raul erreicht. „Was er redt, gefiel den Buren, hettend in für ainen Herrgott", so verehrten sie ihn (Abb. 2). Wenig später wurde der Abt von seinen Bauern aufgefordert, ihrem Bündnis beizutreten, was er selbstredend verweigerte, als Konsequenz jedoch in sein Stadthaus im nahen Ravensburg fliehen mußte, wohin ihm die Mönche bald folgten. Lediglich vier Weltpriester blieben in der Hoffnung im Kloster, sie würden es so vor dem Niederbrennen durch die Bauern schützen können. Als vom Bodensee 700 Bauern heraufzogen und auf ihrem Weg ins Baltringer Lager im Kloster verpflegt werden wollten, konnten

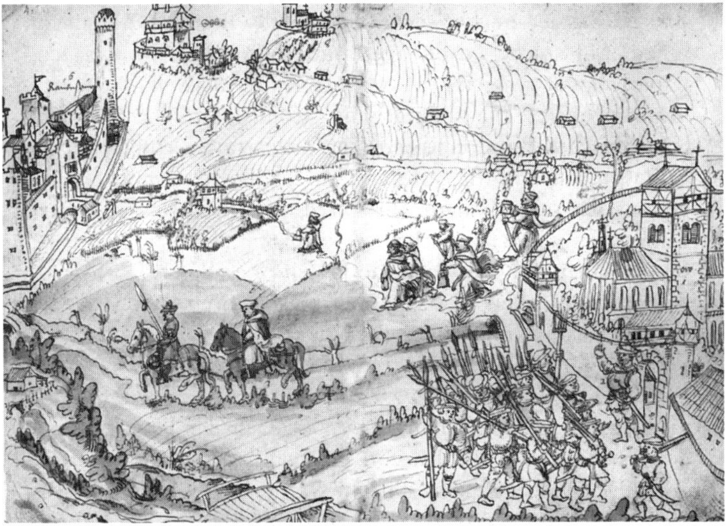

Abb. 2: Die Mönche fliehen aus dem Kloster Weißenau
in die Reichsstadt Ravensburg. Stephan Raul ermuntert die Bauern,
sich zu den Aufständischen zu schlagen. Kolorierte Federzeichnung 1525.
Bildvorlage [Faksimile] Günther Franz – Werner Fleischhauer,
Jacob Murers Weißenauer Chronik des Bauernkriegs, Sigmaringen
[Jan Thorbecke] 1977, Tafel 2. Fürstl. Waldburg-
Zeil'sches Gesamtarchiv, Schloß Zeil.

die Amtleute das noch abwenden, indem man ihnen Ochsen, Brot und Wein hinaus aufs Feld brachte, aber letztlich wurde das Kloster doch von den Bauern eingenommen. Die Teiche wurden ausgefischt, die Keller aufgebrochen, „und trugen uß dem Kloster Frowen und Man Win und Brot". Die man im Feld eben noch verköstigt hatte, zogen plündernd und brennend weiter nach Norden, zerstörten die festen Burgen der Waldburger und vertrieben die Mönche aus dem Kloster Ochsenhausen. Die Wende in der Bewegung habe eingesetzt, als Truchseß Georg von Waldburg endlich in Ulm aufbrach und nach Süden zog. Ummendorf war der erste Klosterort, den er heimsuchte, „und wie die Buren mier das min genommen hettend, allso namend die reissigen [Landsknechte] den

Bauren das ier ouch“ – wie Hetzhunde, fügt der Abt noch hinzu. Auf solche Niederlagen hätten die oberschwäbischen Bauern damit reagiert, daß sie ihre Kräfte in Weingarten zusammenzogen. Die militärische Konfrontation mit dem Schwäbischen Bund fand indessen nicht statt, vielmehr sei es gelungen, einen Waffenstillstand auszuhandeln. Dennoch weigerten sich seine Bauern, ihren Eid zu erneuern, erst als er demonstrativ mit geworbenen Knechten aus dem Ravensburger Obertor hinauszog, „do laufend sie all, ain Dorf nach dem andern, in das Gottshus, mir zu schwören“ (Abb. 3). So schließt Jacob Murer seinen Bericht.

In der Tat brachte Weingarten die Wende in Oberschwaben. Die *Christliche Vereinigung* hatte dort ihre Truppen zusammengezogen. 12000 Mann waren es nach der Einschätzung des Truchsessen, 7000 Knechte standen ihm selbst zur Verfügung. Der Ausgang einer Schlacht war ungewiß. Der Truchseß lockte mit einem Vertragsangebot, die Bauern gingen darauf ein. An Ostern wurde der *Weingartner Vertrag* unterzeichnet. Die Christliche Vereinigung wurde aufgelöst, als Gegenleistung Verhandlungen in Aussicht gestellt. Vom fernen Wittenberg pries Martin Luther diesen Ausgleich als hoffnungsvoll und vernünftig. Dennoch hielt er die schätzungsweise 30000 Bauern, die in Oberschwaben im Aufstand waren, wegen ihres Ungehorsams gegenüber der Obrigkeit „vor Gott schon verdammt“. Aufrührer verwirken ihr Seelenheil. In einer Flugschrift wurde Bilanz gezogen. 24 Schlösser und 23 Klöster seien teils „geplündert“, teils „verprennt“ worden. Die Schäden waren heilbar, jedenfalls erblühte in allen Klöstern aufs neue das monastische Leben, dem erst 300 Jahre später Napoleon den definitiven Todesstoß versetzte. Seitdem haben sich Akademien, Sanatorien und psychiatrische Kliniken dort eingerichtet, die gelegentlich Martin Walser den Rohstoff liefern, um den „Muttersohn“ in die deutsche Literatur einzuführen.

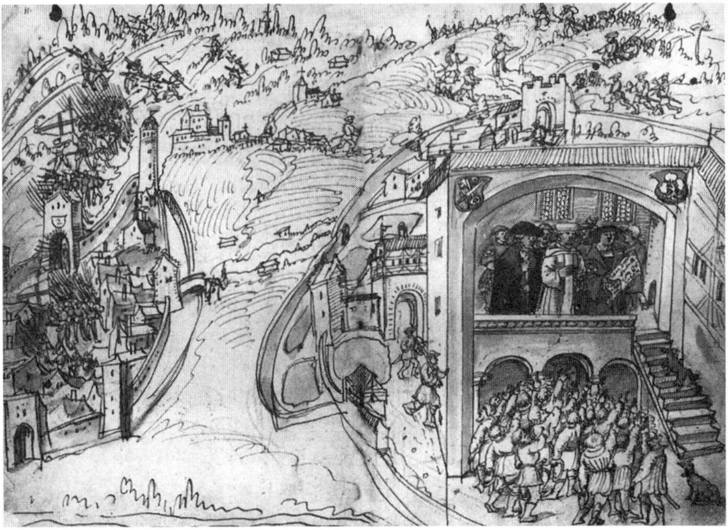

Abb. 3: Die Untertanen des Klosters Weißenau huldigen dem Abt nach dem Bauernkrieg neu. Kolorierte Federzeichnung 1525. Bildvorlage [Faksimile] Günther Franz – Werner Fleischhauer, Jacob Murers Weißenauer Chronik des Bauernkriegs, Sigmaringen [Jan Thorbecke] 1977, Tafel 11. Fürstl. Waldburg-Zeil'sches Gesamtarchiv, Schloß Zeil.

## *Item wer zur Reformation erfordert und verordnet werde* – fällt das Reich?

Am Osterfest, als in Oberschwaben Frieden einkehrte, begann der Krieg in Franken. In Weinsberg lag eine starke Besatzung zum Schutz des Herzogtums Württemberg. Ihr Befehlshaber, Graf Ludwig von Helfenstein, hatte den Bauern mit dem Verbrennen der Dörfer gedroht, also ein bis zum Reichslandfrieden von 1495 herkömmliches Mittel adeliger Fehde ins Spiel gebracht. Für die Bauern war das Grund genug, handstreichartig Stadt und Burg einzunehmen und die Besatzung aus Adeligen am 16. April durch die Spieße zu jagen, anschließend hatte man sie „nackhendt ausgezogen und ligen lassen".

Pfarrer Johannes Herolt, dem man den Bericht der Ereignisse verdankt, kommentiert sie mit der Bemerkung, „da ward Lucifer mit allen seinen Englen ledig, tobten und wüteten nit anders, dan ob sie alle unsinnig werden und vollen Teufel gesessen". Die jüngste Forschung urteilt gegenteilig, nach Kriegsrecht seien die Bauern berechtigt gewesen, ihre erklärten Gegner zu töten.

Die Weinsberger Tat war das Werk des Neckartal-Odenwälder Haufens. Er war, wie viele Zusammenschlüsse in Franken, Thüringen, Sachsen und am Ober- und Mittelrhein, entstanden, nachdem die *Zwölf Artikel* im Druck erschienen waren. Einer Fackel gleich zogen die Zwölf Artikel Tausendschaften von Bauern hinter sich her. Die Neckartal-Odenwälder zeichneten sich durch einen großen Pragmatismus aus. Das lag nicht zuletzt am Zuschnitt ihrer Führer. Wendel Hipler war in der Kanzlei des Grafen von Hohenlohe tätig gewesen und galt als ein erfahrener Verwaltungsfachmann, Götz von Berlichingen genoß einen unumstrittenen Ruf als militärisch versierter Haudegen. Es genügte eine energische Drohgebärde gegenüber Tauberbischofsheim, und alle acht Städte des Mainzer Oberstifts solidarisierten sich mit den Bauern. Bauernkrieg? Doch die Mainzer Städte machten nur den Anfang. Wenige Tage später wurde der Statthalter des Mainzer Erzbischofs im *Miltenberger Vertrag* gezwungen, die Zwölf Artikel anzunehmen, die der Haufen in der *Amorbacher Erklärung* vom 5. Mai in einen normativen Rechtstext umgearbeitet hatte. Wer sich jetzt freiwillig oder gezwungen auf die Zwölf Artikel verpflichten ließ, akzeptierte die Pfarrerwahl und die Verwaltung der Zehnten durch die Gemeinde, die Aufhebung der Leibeigenschaft und des Todfalls, freie Jagd und Fischerei und die freie Beholzung nach Maßgabe gewählter kommunaler Forstwarte. Mit Kurmainz stand Anfang Mai das vornehmste Kurfürstentum des Reiches nominell im Lager der Bauern.

Es lag angesichts dieses Erfolgs und der allenthalben im Reich aufbrechenden Unruhen nahe, die Revolte reichsweit zu koordinieren, wie das für ihre Region die drei oberschwäbischen Haufen versucht hatten. Hipler drängte darauf, die *Re-*

*formation* endlich ins Werk zu setzen. Das Wort gewann in Franken seine eigentlichen Konturen und durchzog leitmotivisch alle Programme. Die Frage, wer „zur Reformation erfordert und verordnet werden" solle, beantwortete er selbst – mit Bauern, Bürgern und Adeligen. Die Theologen traten im Gegensatz zu Oberschwaben ganz in den Hintergrund. Präzisiert im Sprachgebrauch von Hipler, sollte die Reformation für das ganze Reich verbindlich sein und eine angemessene Antwort auf die erreichten bäuerlichen Erfolge darstellen. Zwar wurden noch alle Bauernhaufen für Mitte Mai nach Heilbronn eingeladen, doch aus dem Unternehmen wurde nichts, weil die kriegerischen Auseinandersetzungen, die jetzt einsetzten, die Bauern in ihrer Heimat festhielten oder, soweit sie bereits aufgebrochen waren, dorthin zurücktrieben.

Die Vielfalt an Varianten, wie man sich eine künftige politische Ordnung denken konnte, war nirgends so groß wie in Franken. War *die Reformation* als reichsweite, namentlich gerichtliche Neuorganisation nach dem Prinzip der Gleichwertigkeit aller Stände (den Klerus ausgenommen) konzipiert, so hatten die Neckartal-Odenwälder und der ihnen benachbarte *Taubertaler Haufe*, nicht anders als die Oberschwaben, sich bündisch-korporativ organisiert.

Eine dritte erprobte Form war der *Landtag*. Die in der Stadt Bamberg am 10. April revoltierenden Bürger fanden rasch Unterstützung durch 8 000 Bauern aus dem Hinterland. Nach vier Tagen war der Aufstand zunächst beendet, als der Bischof einen Landschaftsausschuß bilden ließ, der die Ursachen der Beschwerden bereinigen sollte. Eine breite politische Repräsentation von Bauernschaften und Bürgerschaften in einem Landtag schien, falls sie sich politisch dauerhaft stabilisieren ließ, durchaus eine Möglichkeit der grundsätzlichen Konfliktlösung. Im Hochstift Bamberg kam es nur deswegen noch zur Radikalisierung, weil die Beratungen in der Landschaft nicht vom Fleck kamen. Jetzt wurde die Losung ausgeben, daß sie „kein Schloß, kein Kloster im Landt wollen lassen sten"; dem Wort folgte flugs die Tat, 200 Burgen wurden in vier Tagen besetzt oder niedergebrannt.

Im Rheingau beriefen die Bauern und Bürger am 5. Mai den Adel zu sich *auf den Wacholder*, die alte Kult- und Wallfahrtsstätte auf freiem Feld vor dem Kloster Eberbach, und nahmen ihm eidlich die Versicherung ab, daß er mit „Lip und Gut bi einer Lantschaft und ihnen" stehen und ihre Forderungen unterstützen werde. Die waren durchaus nicht uneigennützig, neben den der Reformation geschuldeten Forderungen nach Pfarrerwahl, Säkularisation der Klöster und Aufhebung des geistlichen Gerichts sollten Adel und Geistliche auch alle ihre Privilegien verlieren, zur Steuer herangezogen werden und auf alle Abgaben von Äckern und Weinbergen verzichten, die sich nicht urkundlich als berechtigt nachweisen ließen. Die Zölle sollten fallen, namentlich die Rheinzölle. Möglicherweise stand dahinter eine quellenmäßig nicht überlieferte Winzergenossenschaft, die schon 1525 die Exportmöglichkeiten für ihre Spitzenlagen suchte, die der Region bis heute internationale Bekanntheit sichern. Der Landschaftsbegriff gewinnt hier seine durchaus eigene Färbung, weil herkömmlicherweise als Landschaft die Gesamtkorporation politisch repräsentationsfähiger Stände galt, und das waren in der Regel Adel, Prälaten und Städte. Jetzt wären es Bürger und Bauern, nachgeordnet auch die Adeligen gewesen, die künftig zur Landschaft zählen sollten.

Auch dort, wo Landtage unüblich waren, wurde mit ihnen versuchsweise experimentiert, offenbar wurde ihnen eine paradigmatische Qualität für die gewünschte politische Repräsentation der Dörfer zugebilligt. Am 10. Mai mußte der Kurfürst von der Pfalz bei „Forst, dem Dorf, im Feld" mit den „Hauptleuten auch mit sampt einem Ausschus etlicher Verordneter von gemeiner Bauernschaft" verhandeln. Die Pfälzer Bauern und Bürger (auch hier traten sie wie im Rheingau nicht als zwei gesonderte Gruppen, geschweige denn Klassen auf) hatten Burgen und Klöster besetzt, auch zögerliche Städte und Dörfer eingenommen, versprachen ihrem Herrn jedoch, „die ingenomen Schloß, Stet und Flecken [zu] räumen", nachdem er im Gegenzug die Einberufung eines Landtags zur Erledigung der Beschwerden versprochen hatte.

Heftiger und politisch nicht zu dämpfen war der Aufstand im Elsaß – Altdorf, Ebersheimmünster, Mauersmünster, Neuburg hießen die Klöster, nach denen sich die bäuerlichen Haufen benannten. Sie alle wurden eingenommen und belegen den stark antiklerikalen Charakter der Revolte im Elsaß. Würde Caspar David Friedrich seine Motive für verfallende Gemäuer im Elsaß gesucht haben, er hätte sie auf dem Weg zum Heiligtum des Elsaß, dem Odilienberg, auf halber Höhe in dem aus dem Morgennebel sich herausschälenden Niedermünster finden können. Der romanisch-gotische Torso steht noch heute da, wie ihn die Bauern im Mai 1525 hinterlassen haben, vermindert um das eine oder andere schöne Profil, das man in einem der Bauernhöfe von Ottrott oder St. Nabor eingemauert finden kann.

Antiklerikal war das Elsaß schon lange. Die Bundschuhaufstände waren vehement gegen die Übergriffe des geistlichen Gerichts des Straßburger Bischofs, die Pfründenhäufung der Priester und die Steuerfreiheit der Kirche angerannt. Aus dieser Tradition und den enorm effektiven habsburgischen Landesdefensionswerken gegen Frankreich erklärt sich, daß die elsässischen Haufen nach oft nur zwei, drei Tagen *standen*. Erasmus Gerber aus dem Landstädtchen Molsheim führte mit großer Energie die elsässischen Haufen zusammen, bildete Ausschüsse, Räte und ein Regiment und gab der gesamten Bewegung in einer Art Feldordnung eine brauchbare Verfassung. Die Organisation entsprach der in Oberschwaben, aber nicht, weil man sie von dort als Kopie übernommen hätte, vielmehr lagen solche Organisationsformen offenbar in der Natur des überlokalen Zusammenschlusses von Dörfern und Städten.

Das Elsaß war vier Wochen in der Hand der Aufständischen. Damit hatte es Mitte Mai ein Ende. Der Herzog von Lothringen rückte gegen die Elsässer vor und machte mit seinen niederländischen und spanischen Söldnern nieder, was sich ihm in den Weg stellte und im Weg stand. In Zabern wurden 3000 entwaffnete Bauern, als sie „mit weissen Stäblein“ als Zeichen der Kapitulation zum angegebenen Versammlungsplatz vor die Stadt zogen, niedergemacht, im nahen Lupfstein wurden Dorf und Kirchhof „umbleit mit Holz, das angezint und si alle verbrent“. Die Söldner des Lothringers trieben „vil Hochmuts im Land, slagen und swechen Frowen und Junkfrauen“, wie Vergewaltigungen genannt wurden. Straßburg steckte voll mit Kindern und Frauen, in seinem Hinterland lagen 18 000 Tote.

Ohne jeden Zusammenhang mit Zabern fand zeitgleich eine zweite entscheidende Schlacht im fernen Frankenhausen statt. So als wären die Schatten der Schlacht von Böblingen in alle Himmelsrichtungen gewachsen. Dort hatte am 12. Mai der Schwäbische Bund durch seinen Feldherrn Georg Truchseß von Waldburg die Wende eingeleitet. 12 000 Mann hatten die württembergischen Ämter aus den Dörfern und Städten auf die Beine gebracht, Bürgermeister aus 30 Ämtern saßen im Kriegsrat, nach eigenen ungeschickten taktischen Manövern wurden sie von der stark überlegenen Artillerie des Bundes buchstäblich weggeschossen. In Thüringen hatten die Bauern oberhalb Frankenhausens Stellung bezogen. Am 12. Mai zog ihnen Thomas Müntzer mit 300 Getreuen aus der Reichsstadt Mühlhausen zu. Die Stadt, fest in seiner Hand, bildete schon seit langem seine Operationsbasis, von der aus er den Aufstand in Thüringen schürte, der aus sich selbst heraus nicht annähernd die Dynamik und Vitalität entwickelte wie in Süddeutschland. „Das ganze deutsche, franzosisch und welsch Land ist wag, der Meister will Spiel machen, die Bößwichter mussen dran“, schrieb er nach Allstedt Ende April und forderte die Stadt auf, „fanget an und streitet den Streith des Herren“. In Frankenhausen riß er sofort die Führung an sich, das verhinderte auch eine geordnete Kapitulation vor den vereinigten Heeren Herzog Georgs von Sachsen und Landgraf Philipps von Hessen. Der Schlacht entkamen von 6 000 Bauern kaum 1 000 lebend. Das Ereignis wurde namenprägend bis heute, *Schlachtberg* heißt die Anhöhe über Bad Frankenhausen, der Flurname *Blutrinne* bezeichnet die talwärts ziehende Bergflanke. Dort steht, weit ins Land hinaus grüßend, als „Erfüllung einer moralischen Verpflichtung“ der

Deutschen Werner Tübkes Panorama mit dem ursprünglichen Namen „frühbürgerliche Revolution“.

Zwar gab es da und dort noch intakte Haufen der Bauern, doch offenbar war es jetzt ein leichtes, sie, entmutigt und vereinzelt wie sie waren, mit der militärischen Macht des Schwäbischen Bundes niederzuschlagen, die Pfälzer bei Pfeddersheim, die Franken bei Würzburg, die Allgäuer bei Leubas und als letzte die Klettgauer bei Griessen am 4. November. Die Schlachten waren immer auch militante Urteile über die neue religiöse Bewegung, wie die Bauern sie vertraten. Ludwig von der Pfalz mochte, als er seine Bauern bei Pfeddersheim niedermachte, ein von ihm bestelltes Gutachten Philipp Melanchthons zu den Zwölf Artikeln beruhigen, das ihm versicherte, „es wer von Nötten, das ein solch wild, ungezogen Volk als Teutschen sind, noch weniger Freiheit hette, dann es hat“. Die Klettgauer hatten längst von allen Forderungen Abstand genommen, die sie noch vor knapp einem Jahr in 44 Artikeln niedergelegt hatten, wollten aber nicht, wie man von ihnen ultimativ verlangte, „von dem göttlichen Wort Gottes weichen“.

Als die Bauern am Boden lagen, begann die habsburgische Regierung in Ensisheim mit der Aufräumarbeit unter jenen Priestern, die das „göttliche Wort“ gepredigt hatten: ist „mit dem Wasser zum Todt gericht“, ist „mit dem Strang an dem Hochgericht gehenckt worden“, ist „mit dem Schwerdt gericht, in 4 Theil vertheilt und auf die vier Straßen gehenckt worden“, ist „mit gebunden Henden in das Wasser geworfen und vom Leben zum Todt hingericht worden“. 70 Fälle dieser Art verzeichnet ein Rodel, das man für Erzherzog Ferdinand zusammenstellte.

## *Gemainer Landschaft zu gut und zu Fördrung gemains Nutzens* – die Alpenländer

Die *parlamentarische Variante* einer neuen Verfassung, wie sie in Bamberg, im Rheingau und in der Pfalz offenbar im Horizont der Bauern lag, war auch das Ziel der Bauern und

Bürger in den Alpenländern. Nirgends handelt es sich um rein bäuerliche Aktionen.

In Südtirol beriefen die Bürger und Bauern auf den 30. Mai einen Landtag nach Meran ein. Nach den verfassungsmäßigen Regularien europäischer Parlamente war das ein Recht der Fürsten, folglich wurden hier demonstrativ Machtspiele aufgeführt. Mit einem Pathos von alttestamentlichem Zuschnitt wurden die Artikel eingeleitet. Da heutzutage „alle Sachen auf Aigennutzigkait und nicht auf gmainen Nutz gewendt" seien, was „Got der Allmechtig nicht lenger gedulden muge", habe er sich „aus gotlicher Gerechtigkait mit ainer solchen grausamen Straff diser Aufrurn und Emporungen" geoffenbart. Vorangegangen war die Befreiung Peter Päßlers am 9. Mai, der wegen wiederholter Übertretung eines Fischereiverbots seitens des Bischofs von Brixen hingerichtet werden sollte. Hand in Hand damit lief man den Geistlichen in Brixen durch die Häuser und den Mönchen im nahen Neustift durch ihr Kloster. Von Brixen eilte der Aufstand die Etsch hinab nach Trient, begleitet von der Erstürmung von Burgen und der Einnahme von Klöstern. Im Hintergrund stand als theoretischer und strategischer Kopf Michael Gaismair, der noch den Epilog des Bauernkriegs schreiben sollte. Er entstammte dem Milieu der Tiroler Gewerken, jenen von den Zukunftschancen der Bergbautechnik wie von den scheinbar grenzenlosen Möglichkeiten des frühen Kapitalismus faszinierten Unternehmerfamilien.

Nach Nordtirol hatte der Bauernkrieg vom Allgäu und von Vorarlberg aus hinübergegriffen. Telfs, der Knotenpunkt der Reschen- und Brennerpaß-Verbindung, war ein Unruhezentrum seit der zweiten Maiwoche, die Inntalstädte Hall und Schwaz kamen hinzu, nach den Möglichkeiten des 16. Jahrhunderts neben dem Erzgebirge die modernsten Industriereviere Europas, wo Salz und Erze abgebaut, gesotten und geschmolzen wurden. Schon im Januar hatten die Bergknappen von Schwaz einen Demonstrationszug nach Innsbruck unternommen. Jetzt brachte Erzherzog Ferdinand mit dem ihm eigenen politischen Instinkt die Tiroler Bewegung rasch unter Kontrolle – durch den von ihm auf den 12. Juni nach Innsbruck einberufenen Landtag. Die Südtiroler brachten ihre 64 Meraner Artikel mit, „Gmainer Landschaft zu gut und zu Fördrung gemains Nutzens", die Nordtiroler fügten 32 Artikel hinzu. Der Adel wurde zunächst von den Beratungen ausgeschlossen, die Geistlichkeit blieb es bis zum Ende des Landtags. Sein geradezu sensationelles Ergebnis war die „Landtßordnung der Fürstlichen Graffschafft Tirol". In mehreren hundert Exemplaren wurde sie gedruckt und entsprechend verbreitet, damit konnte sie aber auch nicht mehr kassiert werden, obwohl Ferdinand sie als zu weitgehendes Zugeständnis aus der augenblicklichen Not betrachtete und sie gerne zurückgeholt hätte. Immerhin hat sich die Innsbrucker Regierung standhaft geweigert, sie irgendwo in den habsburgischen Vorlanden als subsidiäres Recht gelten zu lassen. Ein Vergleich der 96 Beschwerden mit der Landesordnung zeigt, daß von mehr als einer redaktionellen Umarbeitung der Artikel ernsthaft kaum die Rede sein konnte. Für Strafrecht, Zivilrecht und Polizeirecht bedeutete die Landesordnung einen enormen Modernisierungsschub – eines der fortschrittlichsten Länder, das Tirol zweifellos war, erhielt die ihm kongeniale Rechtsordnung durch die Rationalisierung gerichtlicher Verfahren, die Verbesserung der Besitzrechte für die Bauern (Erbrecht) und die stärkere staatliche Kontrolle der kräftig expandierenden Wirtschaft.

Mit den Vorkommnissen in Brixen und Telfs zeitlich zusammenfallend, eröffneten die Salzburger ihren Bauernkrieg mit der Befreiung eines als Ketzer verurteilten Geistlichen am 8. Mai. Das bäuerliche Zentrum der Erhebung waren der Pongau und der Pinzgau, Gewerken und Knappen, die Arbeiter in den Bergwerken des Gasteiner Tals gesellten sich früh dazu, wenig später die Salzburger Bürgerschaft. Der Landesfürst, Erzbischof Matthäus Lang, flüchtete auf seine Feste Hohensalzburg über der Stadt, die als uneinnehmbar galt. Was sie nicht war, denn die Bergknappen machten sich daran, ihre Bergmannskunst durch das Aushöhlen des Berges unter Beweis zu stellen. Daß die Burg nicht im Berg versank und damit einmalige Salzburger Festspiele nicht stattfanden, lag am ausbleibenden Sold für die Bergleute; selbst im Frühkapitalismus war es Arbeitern nicht gegeben, Klassenbewußtsein über Lohnforderungen zu stellen.

Den klugen Kopf hinter dem Kommunistischen Manifest kennt man, jenen, der hinter den *Vierundzwanzig Artikeln gemeiner Landschaft Salzburg* steckt, nicht. Wie das Kommunistische Manifest als einmaliger Wurf von hoher intellektueller und emotionaler Qualität in der analytischen Durchdringung der Problemlagen des 19. Jahrhunderts gelten kann, so die 24 Salzburger Artikel für jene des 16. Jahrhunderts. Weil „Got allain ist alle Gerechtigkait, so sollen wir als seine Geschöph und Gelider pillich dem Haubt nachvolgen und seine götliche Lehre und Gebott von uns gehalten werden". Der „Spiegl des heiligen Ewangelii" reflektiere scharf, „wie der gemain Man durch vil mannigfeltig Ungerechtigkait hoch beschwert, gedruckt und in Verderben gefurt ist". Die Belastung der Güter durch Abgaben und Steuern übersteige jedes erträgliche Maß, die Würde des Menschen werde durch die Leibeigenschaft verhöhnt, weit und breit gäbe es keine Gerechtigkeit, und den Menschen werde der „Weg der ewanglischen Erkentnis versperrt und verschlossen" und damit der in den Himmel verlagert. Die neuen Lasten „hat der Teufl als ein Würker aller Ungerechtigkait durch seinen Jaghund", den Erzbischof, erfunden, und durch „Tyranen und Bluetsaufer" läßt er sie eintreiben. Die Leibeigenschaft ist „wider Got auch wider naturlich Recht, auch wider Vernunft, guet Sitten und Erbarkait". Der „arm gemain Mann" kann „zu kainem Rechten noch rechtlicher Ausführung [...] kömen", denn „wer nit Gelt hat, der mag kain Hülf erlangen". Durch die Geistlichen wird „die götlich Wahrhait und Gerechtigkait frävenlich, verächtlich, spötlich und gewaltiglich veracht, verworfen und under die Füß getreten". Es darf, so die schlußendliche Folgerung, „kain Verschonung mer stat haben, sonder man mueß dem Sack das Bant aufreißen und den Unfladt heraus schütten".

Im Juni und Juli waren die Aufständischen im Salzburgischen faktisch die Obrigkeit. Wie anderwärts nannten sie sich „Landschaft". Als solche erließen sie Mandate und stellten den Durchreisenden Pässe aus. Das war eine gewaltige Ausweitung der Kompetenzen jener Salzburger Landschaft, die bislang auf den Landtagen als Vertretung von Adel, Geistlichkeit, Städten und Landgerichten mit dem Erzbischof über den politischen Geschäften des Landes gesessen hatte, und nicht minder eine gesellschaftliche Fokussierung auf die Bauern, Bürger und Knappen. Der Schwäbische Bund rückte zwar gegen die Salzburger vor, zu einer Entscheidung freilich kam es nicht – ein Patt im Spiel der Schwarzen gegen die Weißen, der Bauern gegen die Herren.

Wo zwischen Taufers und Santa Maria sich Tirol und Graubünden berühren, steht eines der noch heute schönsten Klöster in den Alpen – Müstair. Zur Zeit des Bauernkriegs verband es beide Länder, die heute durch die Isolierung der Schweiz von Europa stärker getrennt sind als je zuvor. Die Kompetenz des Gerichts reichte weit über die Malser Heide hinaus und das Eisacktal hinunter bis Latsch, auf der anderen Seite in das Münstertal hinein, dem Engadin zu. Das Gericht selbst war in der Hand des Bischofs von Chur. Aus dieser wechselseitigen Verklammerung der Grafschaft Tirol und des Hochstifts Chur mag es zu erklären sein, daß auch Vertreter aus Bünden den Meraner Landtag beschickt hatten. Von dort züngelte der Aufstand nach Graubünden ebenso hinein wie von Norden über das Land vor dem Arl (Vorarlberg) und aus dem St. Gallischen.

Für das reichsunmittelbare Hochstift Chur ist die chronikalische Überlieferung der Ereignisse besonders dürftig. Der Antiklerikalismus in der Diözese war mächtig, die Richter am geistlichen Gericht in Chur hatten dafür das Nötige getan. Recht unbesorgt um das Seelenheil der Gläubigen belegten sie die Menschen mit dem Kirchenbann, wenn sie nicht fähig oder willens waren, die gegen sie verhängten Kirchenbußen zu bezahlen. Nicht wenige Männer kamen dreimal im Leben in den Bann, in manchen Pfarreien konnten zehn Prozent der Bevölkerung wegen der über sie verhängten Exkommunikation die Sakramente nicht empfangen. 1524 besiegelten drei Bünde, die in den Hinteren Rheintälern und den Rätischen

Alpen entstanden waren, der *Graue Bund*, der *Zehngerichtebund* und der *Gotteshausbund*, ihren engeren Zusammenschluß. Die Autonomie der Gemeinden war schon seit langem gewachsen, im Raum des Gotteshausbundes waren aus einer landtagsähnlichen Institution, bestehend aus Versammlungen von Adel, Domkapitel und Großgemeinden, vergleichsweise unabhängige Bundestage geworden, auf denen der Adel nichts und das Domkapitel wenig zu sagen hatten. Angesichts einer sich zuspitzenden Lage verließ Bischof Paul Ziegler 1524 das Land und verfügte sich in den Schutz der Habsburger. Im Kloster Pfäfers und in der Gemeinde Bergün sowie in den Gerichten Heinzenberg, Vals und Flims kam es zu Abgaben- und Gehorsamsverweigerungen, Chur wurde durch die Bauern mit dem Einverständnis der Bürger eingenommen. Niemand war in der Lage, die Bewegung zu stoppen – der Bischof außer Landes, das Domkapitel schwach. Das Land war auf dem besten Weg, von einem geistlichen Fürststift des Reiches zu einer freien Republik der Bauern und Bürger zu werden.

Tirol befriedet, Salzburg unentschieden, Bünden in einem gefährlich labilen Schwebezustand. So endete der Bauernkrieg, als sich das Jahr 1525 neigte – von einem dramatischen Nachspiel abgesehen.

## Epilog

Wie immer, wenn Tyrannei im Sinne von Stumpf sich breit machte, flohen die Deutschen in die Schweiz. Mit knapper Not waren die Memminger Prädikanten und mit ihnen ein Teil der politischen Elite des Baltringer Haufens dem Schwäbischen Bund entschlüpft und in St. Gallen untergekommen. Die im „Bluttbuch der abgefallen Pauren“ vom Abt von Kempten verzeichneten 173 Rädelsführer, die um 173 Köpfe kürzer hätten gemacht werden sollen, hatten sich großteils ins nahe Appenzell abgesetzt. Der harte Kern der Tiroler, der schon die Beschickung des Landtags von Innsbruck als unzeitigen Pragmatismus verurteilt hatte, kam über den Arlberg ins Prättigau.

Weniger glücklich waren die Hegauer, Klettgauer, Schwaben, Schwarzwälder, Sundgauer und Elsässer, die im Thurgau „Schutz, Schirm und Fristung irs Lebens gesuocht". Der Landvogt im eidgenössischen Frauenfeld schob so manche Rebellen über die Grenze, „die ouch alsbald mit dem Schwert gericht wurdend, darab doch menig frommer Eidgenoß groß Bedauren hat". Auch in Zürich herrschte eine *Das Boot ist voll-Mentalität*, der Einkauf ins dortige Bürgerrecht wurde für Ausländer, „Panditen" nannte man sie, von bisher zehn Gulden auf 20 gesteigert.

Offensichtlich diente schließlich das Appenzell als Hauptquartier, um von hier aus nochmals die Glut der Revolte anzublasen. Mühsam rekonstruiert der Historiker aus den Rechnungszetteln im Landesarchiv in Appenzell, daß aufgrund des diplomatischen Drucks aus Innsbruck die Appenzeller Ratsverordneten Brülisauer und Klarer nach Trogen und Gais geschickt wurden, um dort für klare Verhältnisse zu sorgen, indem man demonstrativ einige Fremde verhaftete. Michael Gaismair und die revolutionäre Elite aus Süddeutschland trieben dort im Februar 1526 ihr Wesen.

Schließlich fiel die Entscheidung für Salzburg. Dort hatten die Pinzgauer und Pongauer sich nicht alle ergeben, der Schwäbische Bund stand mit 2400 Mann untätig im Land. Michael Gaismair, der sich am 7. Oktober 1525 durch Flucht aus der Gefangenschaft Ferdinands befreit hatte, brütete während der Wintermonate über einer *Landesordnung*, die zu jenen Texten des Bauernkriegs gehört, die am meisten Interesse auf sich gezogen haben. Das war Republikanismustheorie pragmatischen, nicht utopischen Zuschnitts. Die Verfassung der Grafschaft Tirol war der Sauerteig, aus dem die Landesordnung gemacht war. Die Landgerichte und Viertel, beides bestehende Institutionen der Rechtspflege und Landesverteidigung, wurden durch ein paar geschickte intellektuelle Operationen funktional ausgebaut, die Klöster säkularisiert, die Bergwerke verstaatlicht – und der alten Verfassung das Haupt, der habsburgische Landesherr, abgeschnitten. Schon hatte man eine Republik im freistaatlichen Sinn, eine wohlfeile dazu, denn der Segen der Bergwerke und die Säkularisation der Klöster schienen ein solider Sockel, um darauf die Staatsfinanzen dauerhaft und ohne Steuern zu konsolidieren. Das Modell war vielfach verwendbar und verwertbar, auch in Salzburg, wo es realisiert werden sollte.

Gaismair schlug sich mit einer kleinen, zum Äußersten entschlossenen Schar unter abenteuerlicher Umgehung der gut bewachten Pässe nach Salzburg durch. In der letzten Juniwoche 1526 fanden dort nochmals Gefechte statt, die nach ersten Erfolgen der Bauern und namentlich solcher Gaismairs zugunsten des Schwäbischen Bundes entschieden wurden. Der Vetter des Bauernjörg, Wilhelm Truchseß von Waldburg, zog daraus seine Lehren. Jetzt erst „erkenn ich aller Welschen Fursten und Potentanten Vernunft, sie lassend die Pauren Pauren sein und den Acker bauwen und sind sie gewaltige Herrn", schrieb er an Herzog Georg von Sachsen und riet zur allgemeinen Entwaffnung im Heiligen Römischen Reich deutscher Nation.

## 2. Der Gemeine Mann und der deutsche Bauernkrieg – gesellschaftlicher Ort und nationaler Raum

Schon von den Zeitgenossen wurden die Ereignisse von 1525 als *Bauernkrieg* bezeichnet, mehrheitlich jedoch stammen solche Benennungen von Chronisten und Kanzlisten, die als Staatsschreiber, die sie waren, naturgemäß das gewünschte trübe Licht auf die Sache fallen ließen. Äußerst selten fand der Begriff unter den Aufständischen selber Verwendung. Allein wenn es darum ging, die Verantwortlichkeit für grundlegende Entscheidungen klarzumachen, konnte er einmal ins Spiel kommen. So als im Lager der fränkischen Haufen heftig darüber gestritten wurde, ob die Feste Unserfrauenberg über Würzburg erobert werden solle oder nicht. Als die ewigen Beschwichtiger und Pragmatiker wie Götz von Berlichingen vor dem Vorhaben warnten, erhielten sie von den Radikalen als Antwort, „sie hetten einen Bauern Krieg, sie wölten kein Fürsten, Graven, Herrn oder Edelman dabei haben".

Als bequemes begriffliches Kleingeld, um die Sache als solche in Sprache zu wechseln, hat sich *Bauernkrieg* schon bei den Zeitgenossen nicht durchgesetzt. Das war angesichts der sozialen Fokussierung der Bewegung auch gar nicht zu erwarten. Die Verfestigung des Begriffs *Bauernkrieg* im geschichtlichen Bewußtsein der Deutschen muß man als historiographische Hervorbringung des 19. und 20. Jahrhunderts werten. Geht man die Akten der Archive durch, so trifft man weder im Landesarchiv in Salzburg noch im Stadtarchiv von Straßburg, weder im Hauptstaatsarchiv in Stuttgart noch im Pfarrarchiv von St. Martin in Leutkirch auf einen Bauernkrieg. Gewerken und Knappen in Tirol, Salzburg und im Erzgebirge, Städter aus Meran, Bozen, Hall und Schwaz in Tirol, aus den württembergischen Amtsstädten, Stuttgart und Tübingen ausgenommen, Bürger der Bischofsstädte Bamberg, Würzburg, Salzburg, Chur, Brixen und Trient haben sich den Bauern angeschlossen, zu schweigen von den Weinbauregionen Deutschlands vom Elsaß über die Pfalz, den Rheingau nach Franken, wo Dörfer und Städte sich bis heute in ihrem äußeren Erscheinungsbild kaum unterscheiden und angesichts gleicher lokaler Verfassungen und gleicher Erwerbsgrundlagen im 16. Jahrhundert erst recht nicht unterschieden, vor allem nicht mental.

Die Zeitgenossen, genaue Beobachter, die sie waren, haben folglich auch einen anderen Begriff verwendet. Der *Gemeine Mann* tritt in den geschichtlichen Quellen an die Stelle des Bauern in der geschichtswissenschaftlichen Literatur. Eine „Empörung des Gemeinen Mannes" nahm man in Innsbruck in der Kanzlei Erzherzog Ferdinands wahr, eine „nämliche Summ des gemeinen Manns" hatte sich nach Auskunft der Korrespondenz zwischen dem Markgrafen von Baden und dem Herzog von Bayern versammelt. „Der gemein Man beclagt sich, daß ime an vill Orten von seinen Herschaften ein freier Abzug abgeschlagen" werde, steht im Protokoll der Verhandlungen des großen Ausschusses des Speyerer Reichstags vom 18. August 1526. In den programmatischen Texten der Aufständischen kommt nicht minder häufig dieser Begriff zur Anwendung. Der „gemeine Mann" wollte sich nach Auskunft der *Vierundzwanzig Artikel gemeiner Landschaft Salzburg* mit Hilfe des jetzt neu geoffenbarten Evangeliums aus der Tyrannei befreien, der „gemeine Mann" leide unter der feudalen Herrschaft, sagen die *Meraner Artikel*, „der arme gemeine Mann in Stetten und uf dem Land" habe sich erhoben, schreiben die Schwarzwälder Bauern an die Stadt Villingen. Die *Reformation*, die Wendel Hipler für das ganze Reich ins Werk setzen wollte, soll einen Interessenausgleich zwischen dem „gemeinen Mann" („Untertanen" heißt bezeichnenderweise im gleichen Text das Synonym) und „Fürsten, Herren und Edlen" herbeiführen. „Will es Gott als haben", räsonierte der alternde Kurfürst von Sachsen, Friedrich der Weise, auf dem Höhepunkt der Bewegung, „so wird es also hinausgehen, daß der gemeine Mann regieren soll".

Fürsten und Gemeiner Mann, Obrigkeit und Gemeiner Mann, Adel und Gemeiner Mann sind antithetische Begriffe. Der Gemeine Mann untersteht einer *Herrschaft*. Insofern umfaßt er Bauern, Bürger und Bergknappen. Aber nicht alle, die nicht zu den Herrenständen gehören, gehen in der Bezeichnung auf. Knechte und Mägde, die nicht mit einem Hof in ihrem Dorf oder einem Haus in ihrer Stadt angesessen sind, gehören nicht zum *Gemeinen Mann*, und zu ihm zählen auch nicht Fahrende und Söldner, sie sind vielmehr der *Pofel* oder *Pöbel*. Selbst der *Untertan* des 16. Jahrhunderts, wie er funktional in Gegenüberstellung zu Obrigkeit gemeint ist, setzt Hausbesitz und Seßhaftigkeit voraus.

Die Semantik wird durch die Wirklichkeit glänzend bestätigt. Soweit großräumige Untersuchungen über die Beteiligung am Aufstand vorliegen, zeigen sie, daß jeder Hof mit einem Mann in den *Haufen* vertreten war, was nicht ausschließt, daß da und dort ein Dorf ruhig blieb. Der Bauernkrieg war keine Rebellion der Jungen, sondern eine solche der Familienväter, kein Aufstand der Reichen und der Ehrbarkeit, sondern eben ein solcher des Gemeinen Mannes. Alle sozialen Gruppen des Dorfes sind in einem numerisch entsprechenden Verhältnis beteiligt. Angesichts der Tatsache, daß Bauern im 16. Jahrhundert 80% der Bevölkerung ausmachen, hat Deutschland in seiner Geschichte keine vergleichbare Revolution vorzuweisen, zumal man die Handwerker und Bürger vieler Städte sowie die Arbeiter und Knappen der Bergbaureviere hinzurechnen muß.

Die enge Bindung an das Haus erklärt, daß es ein weibliches Gegenstück des Gemeinen Mannes eigentlich nicht gibt. Das Wort umfaßt beide Geschlechter, wie die Hausherrschaft des 16. Jahrhunderts das Regiment im Haus dem Hausherrn und der Hausfrau, dem Hauswirt und der Hauswirtin zuspricht, wenn auch in gradueller Abstufung. Erst das 18. Jahrhundert hat darin einen Mangel gesehen und vereinzelt von dem „gemeinen Mann männlichen und weiblichen Geschlechts" gesprochen. Wurde der Gemeine Mann mit der Reformation in Verbindung gebracht, konnte gelegentlich durchaus, wie in Memmingen im Januar 1525, „von den luterischen Weib und Man" die Rede sein. Der *Gemeinen Frau* begegnet man im 16. Jahrhundert äußerst selten, und wenn, dann in einem anderen semantischen Zusammenhang.

Wie das Reden von der *bürgerlichen Revolution*, der *proletarischen Revolution* und der *friedlichen Revolution* nicht in Frage steht, soweit es auf korrespondierende Sachverhalte angemessen angewandt wird, so hat sich auch die Redeweise von der *Revolution des Gemeinen Mannes* durchgesetzt. Unschwer könnte sie auf vergleichbare Aufstände wie die *Jacquerie* in Frankreich 1358, den *Englischen Bauernkrieg* von 1381, *Jack Cade's Rebellion* von 1450 oder den *ungarischen Dosza-Aufstand* von 1514 übertragen werden, denn in Frankreich marschierte Paris, in England London und in Ungarn Buda immer mit. Doch noch sind die begrifflichen Äquivalente für den Gemeinen Mann in den europäischen Nationalsprachen nicht untersucht.

## Gemeiner Mann und Volk

Man muß nicht für den Gemeinen Mann kämpfen, sondern ihn vor einer allzu leichtfertigen Einkleidung nach dem Zeitgeschmack schützen. Mit einem großen Hallo stürzte sich das Publikum vor rund 40 Jahren auf den Gemeinen Mann und schickte ihn an Stelle von *Volk* auf den Laufsteg der politisch korrekten Begriffe. Mit ihm verfügte man, wenigstens für eine Phase der deutschen Geschichte (und auf das 16. Jahrhundert war er ja nicht beschränkt), über ein bequemes Surrogat für das nicht mehr aussprechbare Volk. Die Volkskunde als Disziplin wurde wo immer möglich umbenannt. Die moderne Alltags- und Kulturgeschichte, später sich Historische Anthropologie nennend, erfand anstelle des Volkes die „einfachen Leute", und die hohe Politik ersetzte es durch „den Bürger draußen im Lande".

Doch der Gemeine Mann ist nicht auswechselbar gegen das Volk.

Volk hat in Deutschland seine Färbung durch die Verbindung mit Nation im 19. Jahrhundert erhalten, zuvor ist das Wort wenig gebräuchlich. Es bezeichnet mehrheitlich die

*Kriegsvölker*, vereinzelt im reformatorischen Sprachgebrauch das *Volk Gottes* – und hängt sich an die Staatsform der Republik, die es in Deutschland nicht gegeben hat. *Völker* sind Formen der Vergesellschaftung, „aus welchen Republiquen zu entstehen pflegen“, wie in den Niederlanden und in der Schweiz, wo, wie es in einem Lexikon des 18. Jahrhunderts heißt, „die höchste gewalt bei dem gesamten volcke steht“. Ansonsten ist das Volk noch im 18. Jahrhundert eher der Stamm als die Nation, geprägt durch Klima und Lebensgewohnheiten. „Die Pommern, Mecklenburger, Westphäler, Braunschweiger, Brandenburger haben eine harte Kost, daher sie gute Soldaten sind“; wo Wein wächst, haben Menschen einen „schärfferen unnd subtilern Verstand“. Vielleicht war das der Grund, daß Johann Jakob Moser, Jurist von europäischem Rang, obwohl aus Süddeutschland stammend, dem Gemeinen Mann noch im 18. Jahrhundert ein spätes Denkmal setzte: „Vox populi, vox Dei; und wie die gesunde Bauren-Philosophie in Praxi offt vil brauchbarer ist, als die spizfündigste Cartesianische, Thomasische, Wolffische etc., so urdeilet auch der gemeine Mann [...] in Staats-Sachen, wie der Erfolg beweiset, zuweilen vil gründlicher als ein [...] Regent, samt seinem ganzen Staats-Ministerio“.

Der Gemeine Mann bezeichnet etwas Allgemeines, nicht unähnlich der *gemeinen* Christenheit, dem *gemeinen* Nutzen und dem *gemeinen* Pfennig (von allen zu entrichtende Reichssteuer). So gewinnt der Aufstand *des Gemeinen Mannes* eine weitere klassifikatorische Schärfe. Er präzisiert damit nämlich eine Bewegung, die den konkreten herrschaftlich-obrigkeitlichen Bezugspunkt überschreitet. Die Bewegung richtet sich nicht gegen eine bestimmte Herrschaft, gegen eine bestimmte Obrigkeit, gegen einen bestimmten *Staat*, sie richtet sich vielmehr gegen jede Herrschaft, gegen jede Obrigkeit, gegen jeden Staat. Als solche ist sie einmalig. Nahezu alle vorgängigen und nachfolgenden Unruhen im Reich beziehen sich auf eine konkrete Herrschaft, ausgenommen der Schweizer Bauernkrieg von 1653. Insofern der Begriff des Gemeinen Mannes darüber hinaus aber eine Präzisierung nach innen erfährt, indem er sich an den Hausbesitz heftet, wird das Ziel der Bewegung klar. Es geht im Bauernkrieg darum, den Gemeinen Mann in politische Entscheidungsprozesse zu integrieren, nicht aber *jedermann*, wie es demokratischen Prinzipien entsprechen würde.

„Einen Volksaufstand, der sein Recht in sich trug", und „Revolution des deutschen Bauernstandes" hat Günther Franz, der Doyen der Bauernkriegsforschung in Deutschland, das Ereignis genannt. Den („wohlhabenden") Bauern sei es darum gegangen, „die Stellung im politischen Leben der Nation zu erringen, die ihnen ihrer wirtschaftlichen Lage nach zukam". Volk, Bauern und Nation verschachteln sich in diesen Zitaten. Sie stehen in einer Tradition nationaler Geschichtsschreibung, die bis in die jüngste Vergangenheit reicht und selbst noch ihren Abdruck in der besonders klugen marxistischen Interpretation des Ereigniskomplexes durch Günter Vogler hinterlassen hat. „Die Gewalt soll gegeben werden dem gemeinen Volk", wie der Titel seiner mehrfach aufgelegten Monographie lautet, paraphrasiert zwar ein Zitat von Thomas Müntzer, doch daß es 1525 um „eine revolutionäre Umgestaltung der Gesellschaft im Interesse des ganzen Volkes" gegangen sei, obwohl „trotz kräftiger Ansätze für die nationale Entwicklung der Kampf subjektiv noch nicht darauf gerichtet war", stellt eine Interpretation dar, die mit dem Volksbegriff aus dem Arsenal marxistischer Theorie arbeitet, und diese war, wie konnte es bei ihrer Herkunft aus dem 19. Jahrhundert anders sein, in hohem Maße nationalistisch.

## Wie deutsch?

Damit ist ein zweites grundsätzliches Problem der Bewertung des Bauernkriegs namhaft gemacht, seine umstandslose Auszeichnung als eines *deutschen*. Der Historiker Georg Friedrich Sartorius hatte 1795 die Reihe der einsetzenden Monographien mit dem Titel „Versuch einer Geschichte des Deutschen Bauernkriegs" begonnen, ohne umständlich auf den Begriff deutsch im Titel zu reflektieren. Sein interpretatorisches Bezugssystem war die Französische Revolution, und somit wurde der Bauernkrieg zwischen Tyrannei und Freiheit verrechnet. Die Titeleien blieben seitdem bis heute gleich.

Wilhelm Zimmermann hatte in seiner von seiner 1840–1843 erschienenen, äußerst erfolgreichen, vielfach nachgedruckten „Geschichte des großen Bauernkriegs“ das Ereignis durch seine Schwerpunktsetzung zu einem weitgehend deutschen gemacht, nur beiläufig werden die Verhältnisse in den Alpenländern behandelt. Auch Leopold von Ranke hat nachdrücklich die regionale Zentrierung auf Schwaben, Franken und Thüringen betont. International großen Einfluß hatte Friedrich Engels' „Der deutsche Bauernkrieg“, als Heft 5 und 6 der „Neuen Rheinischen Zeitung“ erstmals 1850 veröffentlicht, nicht nur durch seine vielen Neuauflagen und Übersetzungen, sondern auch wegen seiner Bedeutung in der Theoriebildung des Marxismus. Er galt als erstes Werk, das die grundlegenden philosophischen Annahmen von Marx, vom Basis-Überbau-Theorem über den Klassenkampf bis zur Revolution als Scharnier zwischen zwei Gesellschaftsformationen, am historischen Material überprüfte. Engels sprach wirklich nur von Deutschland, nur zwei von 85 Seiten entfallen auf Österreich, und er hat mit dieser Zurüstung des Problems auch die nachfolgende sowjetmarxistische Forschung geprägt, namentlich auch die klassisch gewordene, in ihrer intellektuellen Durchdringung der Stoffe nur dem Werk von Günther Franz vergleichbare Darstellung von Moisej Mendeljewitsch Smirin, „Die Volksreformation des Thomas Münzer und der große Bauernkrieg“ von 1947.

Bereits mit Ranke gewinnt der Bauernkrieg einen *kleindeutschen* Zuschnitt. Engels hat, unwissentlich und unwillentlich wohl, gleichfalls eine solche Perspektive eingenommen und in seiner Nachfolge die gesamte marxistische Forschung. Zimmermann und Franz teilen diese Perspektive zwar nicht, doch sie haben auch nicht verhindert, daß die Gesamtbewertung des Bauernkriegs unter *Ausschluß Österreichs* erfolgte – unzulässigerweise, denn gerade die Ziele und Folgen der Revolution von 1525 lassen sich ohne Tirol und Salzburg nicht angemessen erfassen.

Die nationale Engführung stand nicht am Anfang der Bauernkriegsforschung und steht auch nicht an ihrem Ende. Zimmermann konnte 1840 noch ganz europäisch argumentieren: „Alle Erscheinungen der späteren sozialen Bewegungen in Europa liegen in der Bewegung von 1525 eingeschlossen; sie ist nicht nur der Anfang der europäischen Revolutionen, sondern ihr Inbegriff im Kleinen". Bob Scribner und Tom Scott sind in ihrer Quellenedition von 1991 von jeder nationalgeschichtlichen Interpretation weit entfernt mit ihrer Überzeugung, der Bauernkrieg erlaube „neue Einsichten nicht nur in die Geschichte des 16. Jahrhunderts oder des frühmodernen Deutschlands, sondern auch für das Verständnis ganz anderer Themen und Sachbereiche: die Geschichte der Revolutionen, die Politik des Volkes oder die religiösen Bewegungen in einem deutschen, europäischen oder vergleichend außereuropäischen Bezugsrahmen".

Gänzlich abhanden gekommen war der bis heute stark nachwirkenden nationalen Orientierung das Faktum, daß der Bauernkrieg (im Verhältnis zur Größe des politischen Raumes) die Schweiz stärker affiziert hat als Deutschland, was an der Brauchbarkeit der nationalen Interpretation Zweifel aufkommen läßt.

Möglicherweise ist es nicht unnütz, die Ereignisse von 1525 nochmals zu kartieren und dann die Frage aufzuwerfen, wo eigentlich die *nationalen Grenzen* 1525 verliefen.

Auch in der Eidgenossenschaft hinterließ der Bauernkrieg seine breite Spur von Basel bis nach Graubünden; die Gründe waren die nämlichen wie im Reich. Er erreichte die *Stadtlandschaften* von Zürich, Bern, Solothurn, die Hochstifte Basel und Chur, das Reichskloster St. Gallen und viele kleine monastische Gemeinschaften. Alle standen sie in einer engen, freilich unterschiedlich ausgestalteten Beziehung zur Eidgenossenschaft. Halt machte der Bauernkrieg an den Grenzen der bäuerlichen Republiken – Appenzell, Glarus, Schwyz, Unterwalden, Uri und Zug und der Stadtlandschaft Luzern. Schon im Januar 1524 forderte die Gemeinde Embrach bei Zürich, „dieweil jetz us dem heiligen Evangelio und rechter göttlicher Geschrift erfunden werde die Freiheiten, und sonderlich dass kein Mensch des andern eigen sein sölle, vermeinint sie eben merklich und hoch beschwert zuo sind mit dem Lass, der Eigenschaft und Ungenossami", das hieß mit den teilweisen Einzug des *Nachlasses*, der *Leibeigenschaft* und dem *Verbot, außerhalb der Genossenschaft zu heiraten*, „in Hoffnung, dass si hinfür niemand weiter solcher Eigenschaft ires Leibs und irer Güetern verbunden sein". Das wäre in der inneren Schweiz angesichts der dort herrschenden persönlichen Freiheit und dem Eigentum an Liegenschaften eine ganz sinnlose Forderung gewesen. Im April 1525 war, nach massiven Zehntverweigerungen schon im zurückliegenden Jahr, die ganze Zürcher Landschaft, einschließlich der Ostschweiz, auf den Beinen. Nicht anders als in Embrach ein Jahr zuvor verlangte man die Aufhebung der Leibeigenschaft und über die Verbesserung der Besitzrechte der Güter praktisch Eigentum an den Liegenschaften. Respektiert wurde lediglich die Stadt als Schutzherrin, näherhin die legislativen und judikativen Kompetenzen des Rates, allerdings vorbehaltlich der Sicherung der bisherigen, weitgehenden Rechte der dörflichen Gemeinden.

Ob man die Vorgänge in der Schweiz als schwache Ausläufer des *deutschen* Bauernkriegs sehen darf, ist schon aufgrund der Chronologie fraglich, aber auch wegen der ideologischen Impulse, die von Zürich aus auf den Bauernkrieg ausgegangen sind.

Unübersehbar gibt es einen engen zeitlichen und sachlichen Zusammenhang zwischen den Unruhen nördlich und südlich des Bodensees. Dennoch sind beide Regionen durch Verfassungsrealität und politische Mentalität getrennt. Die Eidgenossen hatten die Reichsreform von 1495 nicht mehr mitvollzogen, sie beschickten die Reichstage nicht mehr, sie zahlten die Reichssteuer des Gemeinen Pfennigs nicht, und sie entzogen sich der Kompetenz des Reichskammergerichts. Der politische Graben vertiefte sich durch den an allen Fronten mißlungenen Versuch König Maximilians, diese Entwicklung

1499 militärisch nochmals umzukehren. Längst hatte sich eine politische Mentalität in der Schweiz entwickelt, die das Politische aus willentlichen Akten hervorgehen ließ und sie über Eide sicherte (*Eidgenossen*), gleichgültig ob es sich um Friedensbestimmungen, um Statuten (*Einungen* heißen sie bezeichnenderweise) oder um Zusammenschlüsse der einzelnen Orte zu einem extrem komplizierten System von vernetzten Bünden handelte. Die Reichstage waren ersetzt durch die Tagungen dieser Orte (Kantone), die sich *Tagsatzungen* nannten. Die königlichen Gerichte wurden gemieden und durch Schiedsgerichte substituiert. Verstärkt hatte sich die mentale Ablösung vom Reich durch permanente Kränkungen der Eidgenossen seitens des kaiserlichen Hofes und der deutschen Fürsten. Eidgenossenschaften waren und wurden wiederholt reichsrechtlich verboten, die Schweiz gab es faktisch, aber sie hatte angesichts der vorwaltenden Adelsherrschaft verfassungstheoretisch im Reich keinen Platz. Folglich machte die eidgenössische Ideologie aus der Not erfindungsreich die erforderliche Tugend. Zum Ausweis des Stolzes und der Selbstdefinition wurde, den Adel vertrieben zu haben, und zwar wegen seiner Tyrannei. Das Tyrannenmotiv legitimierte die Verschwörung, die coniuratio, die Eidgenossenschaft. Nicht nur aus dem realen personenrechtlichen Status, sondern auch aus der Vertreibung der Tyrannen bezog die Freiheit der Eidgenossen ihre Prägung. Hundert Jahre alt war zur Zeit des Bauernkriegs diese Ideologie.

Als geschlossener, fremder politischer Körper wurde die Eidgenossenschaft auch im Elsaß, Sundgau, Breisgau, Schwarzwald, Hegau, Klettgau, in Oberschwaben und weit darüber hinaus wahrgenommen. Wenn Hans Müller nicht auf den europäischen Kriegsschauplätzen war, sondern im zeitigen Frühjahr am Staufenkopf im Hochschwarzwald Holz schlug, gab der knappe Fußweg von einer halben Stunde heim ins elterliche Haus im Weiler Bulgenbach ein Panorama von unvergleichlicher Schönheit frei. Vom Säntis über den Gotthard schweifte der Blick bis zu Jungfrau, Mönch und Eiger. Wie felsige Metaphern der Freiheit ragten sie aus dem Appenzell, dem Vierwaldstättersee und dem Berner Oberland auf. Die Hegauer Bauern schickten 1460 Boten in die Schweiz, um „wider den Adel" um Unterstützung zu bitten und das „Landt in Friden zu setzen". Von den Freiburgern ging schon 1472 das Gerücht, „si gäben das Glas voll Gulden", wenn sie Schweizer werden könnten. „Zum wenigsten müssen wir frei sein wie die Schweizer", soll 1486 ein Bundschuher gesagt haben. 1502 sei den aufständischen Oberrheinern die „Antwort worden, sie [die Schweizer] sollen und wollen der Gerechtikeit Beistant thun und ire Leib und Gut zu in setzen". Die Freiheit „nach Schweizer Art" würden sich die Bauern mit den Waffen erkämpfen, äußerte grämlich Abt Trithemius. Sollte der Kaiser nicht helfen, wollte man 1513 „ein gemeine Eidgnoschaft anruffen". Ein Nachbar von Hans Müller von Bulgenbach, Konrad Ocker aus Todtnau, äußerte 1517 gegenüber seinen Mitgesellen, sie sollten sich nicht unterdrücken lassen, „er wölle die Sweitzer uber die Gebirg bringen, wan si wöllen". Unerschüttert blieb das Vertrauen in die Eidgenossen auch 1525. „Den Eidtgnossen" könne man vertrauen, wohingegen „der Adel ihnen nie gehalten mit mer Worten". „Gut Schweizer zu sein und von einander nit zu weichen", schworen sich 1524 wechselseitig die Hegauer Bauern. Man wußte von dieser Wertschätzung in der Schweiz. Der Berner Chronist Valerius Anshelm meinte, der Schwarzwald habe „sich getröst uf der Eidgnossen verwante Nachpurschaft, und besunder uf die von Zürich, die ina hatend Schirm und Hilf zuogesagt".

Schwerlich fühlten sich Schweizer und Schwaben als *ein Volk*, geschweige denn Eidgenossen als *Deutsche*. Dennoch kann und muß man den Bauernkrieg als kohärentes Ereignis beschreiben, auf das die verschiedenen beteiligten Regionen in unterschiedlicher Weise eingewirkt haben. *Deutsch* schafft ein mißverständliches Gravitationszentrum, weil es die möglichen Impulse aus der Eidgenossenschaft schon durch den Begriff fernhält.

Der Bauernkrieg hat mit der Reformation zu tun. Die Reformation hat viele Zentren, Wittenberg, Straßburg, aber auch Zürich. Huldrich Zwingli, anerkanntermaßen neben Martin Luther und Jean Calvin der große Reformator der ersten Generation, wirkte über seine Anhänger über kürzere oder längere Zeit in Augsburg, Biberach, Crailsheim, Esslingen, Frankfurt, Freiburg, Geislingen, Giengen, Isny, Kaufbeuren, Kempten, Konstanz, Leutkirch, Lindau, Memmingen, Mindelheim, Nördlingen, Nürnberg, Ravensburg, Reutlingen, Riedlingen, Rottweil, Straßburg und Ulm. Sie alle predigten und veröffentlichten etwas anderes als Martin Luther in Wittenberg. Nicht daß sie Luthers Lehre von der Rechtfertigung allein aus Gnade und Glaube und des dazu einzig sinnvollen Weges über die Aneignung des reinen Evangeliums nicht zu ihrer eigenen theologischen Grundüberzeugung gemacht hätten. Doch Zwingli fügte dem etwas hinzu, und seine Anhänger, die er auf den Zürcher Disputationen 1523 zu Hunderten in seinen charismatischen Bann gezogen hatte, haben diese Hinzufügung geteilt. Die Überzeugung nämlich, göttliche und menschliche Gerechtigkeit könnten konvergieren. Seit Zwingli am Großmünster in Zürich predigte und seit er mit Flugschriften in die alles beherrschenden theologischen Streitgespräche eingriff, wurde er nicht müde, das irdische Dasein nicht nur als ein Durchgangsstadium zwischen dem verlorenen Paradies und dem Jüngsten Gericht zu verstehen, sondern er lebte aus der Hoffnung, der Mensch könne das Heilswerk durch eine Christianisierung *in politicis* befördern. Gott hat eine Gerechtigkeit und ein Maß in die Schöpfung (und damit in die Natur) gelegt, das durch kongeniale Gesetze und ein korrespondierendes Regiment aktualisiert werden kann. Das war, humanistisch gesprochen, eine Revitalisierung der guten Politik, allerdings nicht aus der griechischen oder lateinischen Antike, sondern aus der christlichen. Es war, anders gewendet, eine Verweltlichung der paradiesischen Hoffnungen. Wenn Marx die Utopie verzeitlicht hat, dann Zwingli das Evangelium, für Luther ein gänzlich abwegiger Gedanke. Was unglücklicherweise als *Theokratie* in der Forschung beschrieben wird und sich auf die Zürcher Politik bezieht, ist in Wahrheit der Glaube an eine mögliche Annäherung des Menschen an den von Gott gemeinten Entwurf. Wo sonst sollte sich die Rede von der Gottebenbildlichkeit des Menschen ausdrücken? Dazu freilich brauchte es erstens christliche Regierungen und zweitens Gesetze im Bezugssystem des Evangeliums, folglich gute Ratgeber, ganz im Sinne uninteressierter Senatoren, die naheliegenderweise etwas von den Heiligen Schriften verstehen sollten. Es geht nicht darum abzuwägen, ob Zwingli das intellektuell und theologisch plausibel entwickelt hat (immerhin hat das Christentum auch vor ihm immer wieder das Problem reflektiert), aber wichtig für das Verständnis der Bauernkriegsereignisse ist, daß es zwei Konzeptionen von Reformation gab, die sich gerade bezüglich der Bewältigung des Alltags stark unterschieden. Der Glaube hat hier und dort einen ganz anderen Sitz im Leben. Seit 1525 wurden im Reich Aufruhr und schweizerische Reformation zu synonymen Wechselbegriffen aufgebauscht, die in der Vertreibung aller reformierten Prädikanten aus den süddeutschen Städten und der Mißachtung von Zwinglis Bekenntnisschrift auf dem Augsburger Reichstag 1530 ihren Höhepunkt fanden.

Es gibt auffällige räumliche Überschneidungen zwischen der regionalen Reichweite des Bauernkriegs und jener der Schweizer Reformation. Es ist der nämliche Raum, für den Thomas A. Brady politisch virulente Pläne zwischen 1450 und 1550 aufgedeckt hat, in Verbindung von süddeutschen Reichsstädten, schweizerischen Stadtstaaten und Länderorten unter kaiserlicher Oberhoheit eine Monarchie auf quasirepublikanischer Grundlage zu schaffen. Den Stoff der Archive so zu modellieren verlangt einen von nationalen Traditionen unverstellten Blick. „Turning Swiss" heißt das Buch, ein Titel, der der beliebten rhetorischen Wendung der Zeit, *Schweizer werden*, entliehen ist, „a lost dream" nach der Einschätzung des Autors. Ein Hauch von Zusammengehörigkeit liegt bis heute über diesen Regionen. Jacob Burckhardt hat in seinen Briefen, die er mit Friedrich von Preen tauschte, diesen Zusammenhalt immer wieder beschworen; die Rückgewinnung des Elsaß 1870 hat er als von Berlin gewollte offene Wunde bezeichnet, ohne die „Süddeutschland nie in der nöthigen Ordnung zu halten“ sein würde. Und Carlo Schmid hat auf dem Gründungsparteitag der SPD in Südwürttemberg-Hohenzollern am 10. Februar 1946 zu bedenken gegeben, „nur wenige hundert Kilometer von hier liegt die Schweiz im Frieden ihrer Berge, kraftvoll und stolz seit Jahrhunderten eidgenössisch konföderiert und politisch und staatlich so einig wie irgendein zentralistischer Staat. Sollte das, was den Schweizern so gut bekommen ist, für uns Deutsche ein Schaden sein? Sollten wir nicht auf ‚unsere‘ Weise Eidgenossen werden können?“ Das sind gesungene Messen, gewiß, aber es ist auch nicht ohne jeden Erkenntniswert, wenn zwei politische Köpfe von der Weltläufigkeit Burckhardts und Schmids eine Staatsgrenze für gering achten.

Dekonstruktionen sind der Historiker liebste Beschäftigung heutzutage. Vom *deutschen Bauernkrieg* läßt sich *der Bauer* allenfalls aus Gewohnheit und das *Deutsche* schwer retten, das Ereignis sperrt sich gegen jede nationale Subsumierung. Ähnlich verhält es sich mit dem *Krieg*. Schon die Zeitgenossen haben gerätselt, weshalb die Aufständischen selbst dort die Kampfhandlungen nicht eröffnet haben, wo sie numerisch überlegen oder strategisch optimal postiert waren. Die Bauern indessen wollten keinen Krieg, sondern *die Freiheit*, *die Gerechtigkeit* und *den Gewalt* für ihre Gemeinden.

## 3. *Wir wöllen frei sein* – ein Diskurs um die Natur des Menschen zu Beginn der Moderne

Kein Herrschaftsrecht stand um 1500 unter einem dermaßen großen Legitimationsdruck wie das über *den Leib*, Leibeigenschaft genannt. Ihre Umkehrung hieß Freiheit. Auf allen gesellschaftlichen Ebenen, unter Bürgern und Bauern, Juristen und Theologen wurde sie diskutiert, auf allen politischen Ebenen wurde sie verhandelt, von der Dorfgemeindeversammlung bis hinauf in das erlauchteste ständische Gremium der Zeit, den Reichstag.

Als geprägter und inhaltlich scharf konturierter Begriff tritt Freiheit in den *Zwölf Artikeln* der oberschwäbischen Bauern von 1525 in Erscheinung, deren dritter ausdrücklich fordert, „das wir frei seien und wöllen sein", und darunter die Aufhebung der Leibeigenschaft (*Eigenschaft* steht in der Quelle) versteht. Die Drucke der Zwölf Artikel in Augsburg und Breslau, Konstanz und Magdeburg, Nürnberg und Regensburg, Erfurt und Straßburg belegen die Durchschlagskraft der Freiheitsforderung bei den deutschen Bauern.

Radikalität und Prägnanz gewann der bäuerliche Freiheitsbegriff durch seine Verknüpfung mit dem Evangelium. „Zum dritten", heißt es in den Zwölf Artikeln, „ist der Brauch bisher gewesen, das man uns für eigen Leüt gehalten hat, wölchs zuo Erbarmen ist, angesehen das uns Christus all mit seinem kostparlichen Bluotvergüssen erlößt und erkauft hat". Die Begründung der Freiheit mit dem Erlösertod Christi wird ergänzt durch die Hoffnung der Bauern, sie „seien auch on Zweifel, ir [die Herren] werdend uns der Eigenschaft als war und recht Christen geren entlassen oder uns im Evangeli des berichten, daz wirs seien". Aus dem Evangelium ziehen die Bauern die dreifache Begründung der Freiheit mit dem Erlösertod Christi, der christlichen Nächstenliebe und der von Gott in die Welt gelegten Rechtsordnung des Naturrechts. Das war die Hermeneutik der Betroffenen, die sich auf diese Weise das Evangelium erschloß. Sie wäre ohne die Reformation und ihren Rückgriff auf das Evangelium als alleiniger Norm für Theologie und Glauben schwer möglich gewesen. Nicht ohne Grund baten die Bauern die Reformatoren mittels eines gedruckten Aufrufs, der ausdrücklich *Richterliste* heißt, um Gutachten zu ihren Artikeln, also auch dem Leibeigenschaftsartikel.

Daß gerade Bauern das Problem der Unfreiheit gewissermaßen auf einen prinzipiellen theologischen, juristischen und ethischen Punkt brachten, war nicht selbstverständlich, denn neben ihnen gab es nicht wenige Bürger, namentlich in den landesherrlichen Städten, die nicht minder leibeigen waren als sie selbst. Aus zahlreichen württembergischen Amtsstädten liegen Urkunden vor, ausgestellt von Schultheiß, Richtern und Bürgern, in denen die Bürgerschaften versprechen, sich ihrem Grafen nicht zu „entfremden [...], weder mit unsern Leiben, Weiben, Kinden noch Guten". Den *Leib* darf man nicht *entfremden*, das ist Leibeigenschaft. Württemberg war kein Sonderfall. Von den meisten Reichsstädten abgesehen, gehört die Freiheit nicht zu den Statusrechten von Bürgern. Noch im frühen 18. Jahrhundert waren die Bregenzer Leibeigene.

Aber unbestreitbar war das Problem in der ländlichen Gesellschaft besonders drängend und dringend. Soweit die Ursachen der Erhebung von 1525 überhaupt meßbar sind, nahm die *Eigenschaft* durch das Zeug von rechtlichen, ökonomischen und kirchlichen Lasten, das an ihr hing und ihr aufgebürdet wurde, den vordersten Platz ein.

Keine der verfügbaren Quellen leuchtet das Problem der Leibeigenschaft so genau und gnadenlos aus wie der Kemptener *Leibeigenschaftsrodel*. Der Diskurs um Freiheit und Eigenschaft wurde im Fürststift Kempten von den betroffenen Bauern als ein solcher um Recht und Willkür geführt und war schon 1492 in einen Aufstand gemündet. Das Thema blieb Tagesgespräch über Jahre hinweg und fand seine kritische Verschriftlichung schließlich in den ersten Wochen des Jahres 1525. Hunderte von Kemptener Bäuerinnen und Bauern ließen als Beweismittel für ein gerichtliches Verfahren gegen den Abt die Rechtsminderungen, die sie selbst, ihre Eltern, Brüder und Schwestern erfahren hatten, in ein Buch (sowohl *Rodel* als auch *Libell* genannt) eintragen, das der Kaufbeurer Stadtschreiber im Auftrag der *Landschaft*, so nannte sich jetzt die Bauernschaft insgesamt, führte.

„Item Hainrich Gaugell und sein Pruder“, so heißt der erste Eintrag im Leibeigenschaftsrodel, „baid Zinser auf unser Frawen Altar, sagen, das unnser gnädiger Herr von Kempten hat uns gefangen, und mussen schweren und uns verschreiben, vom Gotzhaws nit weichen weder mit leib noch gut, und uns von unser Freihait gwältigklich getrungen“. Ihre Freiheit, so die Auffassung der Gaugell-Brüder, bestehe in der Freizügigkeit. *Zinser auf unser Frauen Altar*, die abkürzend auch *Frauenzinser* genannt wurden, waren Personen, die jährlich einen Zinspfennig auf den Marienaltar im Münster von Kempten legten, als Zeichen ihrer Zugehörigkeit zum Kloster, zum Gotteshaus. Daher rührt auch der verbreitete Name *Gotteshausleute*. Um diese Freizügigkeit, derentwegen die Zinser auch *Freizinser* genannt wurden, habe sie der Abt gebracht, indem er ihnen durch Gefangennahme eine urkundliche Verschreibung abpreßte, mit ihrer Person und ihrem Vermögen innerhalb des Herrschaftsgebiets des Stifts Kempten zu bleiben.

Das gleiche Schicksal widerfuhr Hans Lueprecht, der neben der Verschreibung zusätzlich dem Vogt des Klosters 20 Gulden als Strafe entrichten mußte. Die Summe darf man hoch nennen, denn sie entsprach fünf Monatslöhnen für einen Landsknecht. Hans Lueprecht, der so vom Zinser zum Eigenmann geworden war, wurde aufgrund seines neuen, schlechteren Status gezwungen, auch seine erste und seine zweite Frau, die „frei Zinserin“ waren „auf unser Frawen Altar von rechten Stamen her“, urkundlich als Eigenleute zu verschreiben. Der Anspruch wurde vom Abt auch auf die Kinder ausgedehnt und ihm mit Gefangennahme von Lueprecht nachgeholfen. Um „aus dem Thurn“ freizukommen, „gieng mein Weib und funf Kind und verschriben sich zu leibaigen“. Vier weitere Kinder aus dieser zweiten Ehe, die schon erwachsen waren, verweigerten die Verschreibung mit der Folge, daß sie von der Erbschaft ausgeschlossen wurden.

Wie man sich konkret die Gefangenschaft vorzustellen hat, sagen die Betroffenen nur gelegentlich. Von dem Marienzinser Hainrich Schmaltznapff wurde die Verschreibung, „nummermehr vom Gotzhaws [zu] weichen“, dadurch erreicht, daß seine Frau, eine St. Nikolauszinserin, „funf Wochen gefangen und in Eisi auf ainem Schloß“ festgehalten wurde. Auch ihre Nachbarin, Ursula Neckerin, wurde in Eisen geschlagen, also in Ketten gelegt, und freigelassen unter der Drohung, sollte sie sich dem Kloster entziehen, „wäre alls mein Gut dem Gotzhaws verfallen“.

Die Methoden der Einkerkerung und Einschüchterung wurden auch in Anwendung gebracht, um besonders drastische Standesminderungen durchzusetzen, etwa von der Freiheit (ohne Umweg der Zinserschaft) in die Eigenschaft. Hans Summer zum See, „leibaigen deß Gotzhaws“, wie er einräumt, hatte „ain freie Thochter“ zur Ehe genommen, wurde daraufhin vom Abt gefangengenommen, um deren Verschreibung in die Leibeigenschaft zu erreichen. Summer bat darauf seinen Herrn, „das er die Kindt ließ unser Frawen Zinser sein, er wollt es nit thon, da bat er in, das er nur ain Kind ließ ain freien Zinser sein, da sprach mein Herr, du musst Weib und Kindt zu aigen geben oder du must erfaulen in der Fäncknus“. Das angedrohte *Verfaulen* im Gefängnis „clage ich Gott und dem Rechten“, endet der Hans Summer-Eintrag im Rodel.

Das deutlich erkennbare Interesse des Klosters, durch urkundliche Verbriefungen, *vom Kloster nicht zu weichen*, den Verbleib der Bauern im Stiftsgebiet zu erzwingen, hat mehrere Gründe: Es sicherte dem Kloster Abgaben und Steuern von deren Vermögen, es sicherte dem Kloster aber auch einen exklusiven Herrschaftsanspruch über seine Untertanen, der sich vornehmlich darin ausdrückte, daß sie fremde Gerichte außerhalb der Grafschaft Kempten nicht mehr anrufen konnten. Das war nicht selbstverständlich. Offenbar beanspruchten Freizinser dieses Recht häufiger, vermutlich vornehmlich in der Weise, daß sie das Gericht der Reichsstadt Kempten in Anspruch nahmen. Bienntz Linck in der Pfarrei Durach, einen Frauenzinser, hatte man gefangengesetzt und durch Eidschwur zu der

Verschreibung veranlaßt, „die Ding nit [zu] beclagen, weder Stetten noch Herrn". *Die Ding* bestanden in einem Rechtsstreit mit dem Kloster wegen Vertreibung von seinem Hof.

Das Versprechen, *vom Kloster nicht zu weichen*, schuf darüber hinaus einen prekären Status, der von der Leibeigenschaft nicht allzuweit entfernt, wenn nicht gar mit ihr identisch war. Leibeigenschaft indessen war für das Kloster der Rechtstitel, sich hohe Anteile der Erbschaft von seinen Eigenleuten zu sichern. Trocken und kommentarlos wurde dem Kaufbeurer Stadtschreiber der Fall des „leibaigen Man" Conrat Fraidinng aus Durach diktiert. Dieser habe „gehapt ain Frawen, die ist im gestorben, da musst er mit dem Abt teilen und gab im funfzig reinisch Guldin". Fraidinng heiratete ein weiteres Mal, jetzt eine Freizinserin, und auch bei deren Tod „hat mein Herr aber das Halbteil wollen haben, da musst er im dreissig Guldin geben". Auch nach dem Tod seiner dritten Frau entrichtete er als *Halbteil* in Form der Hälfte der Hinterlassenschaft nochmals zwanzig Gulden; schließlich zahlten selbst seine Kinder einen Halbteil bei seinem eigenen Tod. „Da ist nit mehr uberpliben dann XII ½ Pfund Heller, das hat der Abt auch wollen halb han, da hand ime die Kind nichtz wollen geben, da hat er es alles genomen, und mussen ain Teil der Kind nach dem Allmosen gan", was sie nicht hätten tun müssen, „hett man irem Vatter das Gut nit also abgenomen". Leibeigenschaft bringt die Kinder an den Bettelstab, lehrt der Fall Fraidinng.

Nicht zuletzt stießen materielle Interessen des Klosters und Emotionen der Untertanen grob aufeinander. Els Maierin, eine Freizinserin, wurde gefangengenommen und ihr vom Abt befohlen, „das ich kain Man sollt nemen on sein Willen und Wissen, oder ich must hundert Pfund Heller zu Straf geben". Das Gebot war umsonst, „da mich die naturlich Lieben zwang, das ich ain Man nam nit mit seinem Rhat". Der Preis der Liebe war hoch, denn den jungen Eheleuten wurde zur Strafe die Aussteuer der Braut genommen.

Annäherungsweise und statistisch dürfte wohl jede dritte Familie der kemptischen Untertanenschaft in diesem Libell vertreten sein. Damit wurde der Diskurs um die Leibeigenschaft gewissermaßen landläufig. Knapp und prägnant werden die Hauptbeschwerdepunkte zusammengefaßt. Objektivität wird man ihnen schon deswegen bescheinigen müssen, weil sie gerichtsverwertbar und als solche überprüfbar sein mußten. Im Ernstfall eines prozessualen Verfahrens hätten die Richter auf der Vorlage der *Verschreibungen* an das Kloster bestehen können und müssen, folglich verboten sich wilde Übertreibungen.

Letztlich geht es aber weniger um die Objektivierbarkeit der Aussagen der Quellen als um das subjektive Bewußtsein der Kemptener Bauern. Die Ausweglosigkeit der Situation kommt im Leibeigenschaftsrodel in vielen Einträgen in einer rhetorischen Fermate zum Ausdruck, „das clag ich Gott und dem rechten". Gott muß bemüht werden, um die als maßlos erfahrenen Rechtsbeugungen angemessen verarbeiten zu können. 40 Einträge enden flehend, appellativ und drohend, *das klage ich Gott und dem Recht*. Das *Göttliche Recht* wird in vagen Konturen sichtbar.

Europa rühmt sich im allgemeinen zurecht seiner Respektierung von Freiheit und Eigentum, das heißt eines Rechtsprinzips, das den persönlichen Rechtsstatus und die Besitz- und Erbrechte als *bürgerliche Rechte* prinzipiell nicht antastet. Durch das Kloster Kempten wurden sie massiv verletzt. Abt und Konventualen waren Priester und Adelige. Kempten war ein Adelskloster.

Die Praktiken der Leibherren waren auch anderwärts die Mühlsteine, mit denen sie selber ihre Legitimität versenkten. Die Stühlinger rügten in ihrer Klage vor dem Reichskammergericht die von der Herrschaft eingehobenen Anteile an der Hinterlassenschaft mit dem Argument, daß „die Ehe von gottlicher und christenlicher Ordnung und Satzung ufgesetzt, die auch frei sein, davon nach Todsfällen nichts genomen werden solle". In der Grafschaft Hauenstein waren sie bei Ehen zwischen Leibeigenen verschiedener Herrschaften oder nicht Standesgleichen (*ungenoßsame Ehe*) besonders hoch, verlangte doch der Abt von St. Blasien neben dem besten

Stück Vieh noch zwei von drei Teilen der gesamten Verlassenschaft, was, wie die St. Blasianer sagten, „ein Ursach all unseres Verderbens" sei. Graf Rudolf von Sulz strafte eine ungenoßsame Ehe seiner Klettgauer Untertanen mit einer jährlichen Buße von einem Pfund Pfeffer und einer einmaligen Geldstrafe „nach des Herrn Gefallen". Der Artikel ist der erste unter weiteren 44. Sie würden, sagen die Klettgauer in einer rechtstheoretisch radikalisierten Wendung, solche Belastungen nicht mehr dulden „von dem Evangelium und göttlichen Rechten" wegen.

Naheliegenderweise zog die *Eigenschaft* nach Raum und Zeit unterschiedliche Folgen hinter sich her. Gegen *Leibeigenschaft* läßt sie sich kaum genau abgrenzen, denn die Präzisierung auf den Leib war sowohl der Abgrenzung zur *Gutseigenschaft* (Grundherrschaft) geschuldet, wurde aber auch rethorisch gebraucht, um eine besonders harte Praxis der Eigenschaft zu bezeichnen. Wirtschaftlich schlugen für den bäuerlichen Hof die Abgaben im Todesfall zu Buch, die von den Erbberechtigten zu entrichten waren und unterschiedlich im Halbteil oder dem Dritteil der Verlassenschaft bestehen konnten, aber auch im Einzug des besten Stück Viehs (*Besthaupt*) und dem besten Gewand (*Häßfall*), das als *Häß* noch heute zu den unentbehrlichen Kultgegenständen der alemannischen *Fasnet* gehört.

Angesichts der hohen Mobilität im Spätmittelalter und dem Sog, den die Städte auf ihr jeweiliges Hinterland ausübten, war das Verbot der *ungenoßsamen Ehe* schier unerträglich und letztlich wohl auch nur bedingt praktikabel. Die Kinder der Bauern fanden in den vielen nahen Städten nicht nur Arbeit und Brot, sondern auch ihre Geliebten. Sie nicht heiraten zu dürfen, lag wie ein Makel auf solchen Verbindungen, doch ließ er sich nicht ohne weiteres tilgen. Der Abt von Ochsenhausen erhob, falls er von solchen ungenoßsamen Ehen Kunde erhielt, von den Eltern eine Buße von 40 Gulden. Falls sie tatsächlich eingetrieben wurde, konnten die Eltern den Stall leer räumen. Zehn Stück Großvieh mußte man schon auf den Markt bringen, um die Summe zu erlösen. Folglich verzichteten die Kinder auf das Heiraten und hätten als Zivilstand

Konkubinat angeben müssen, wenn die Zeiten so liberal wie heute gewesen wären. Damals hieß der Status *Unehe* und die Kinder, die daraus hervorgingen, *Bankerte*.

Schließlich diente die Eigenschaft auch dazu, Herrschaft territorial zu festigen und autokratisch zu monopolisieren. In Oberschwaben wurde es um 1500 Mode, von den „gehorsam Hindersäßen und aigen Lütt" zu verlangen, ihrem Herrn „gerichtbar, botmeßig, dinstber und verpflicht [zu] sein". Die Leibeigenschaft verlangte Unterwerfung unter die Gebote des Herrn, sie war der Rechtsgrund, sich der herrschaftlichen Gesetzgebung widerspruchslos zu beugen und korrespondierend der Gerichtshoheit des Leibherrn. Die Markgrafen von Baden inserierten der Landesordnung von 1495 unter dem Titel „Globen und Schweren [der] leibaigen Leute" einen Huldigungseid, der verlangte, „unseren Geboten und Verboten gehorsam zu sind". In Württemberg wurden durch die Landesordnungen von 1495, 1515 und 1521 die „leibaigen Leuth" eidlich verpflichtet, „sich usser unser Oberkait oder Gebott nit [zu] enpfrembden", widrigenfalls wurde ihr liegendes und fahrendes Vermögen eingezogen. Die Untertanen der Stadt Solothurn hatten mit der gleichen Begründung den städtischen „Gebotten gehorsam" zu sein. In einem breiten Bogen von Salzburg über Bayern, die nördliche Eidgenossenschaft, Schwaben, Württemberg, die Pfalz und Hessen reichte der Leibeigenschaftsgürtel bis Trier.

Wenn Gesetze nur Leibeigenen gegenüber erlassen, ungenoßsame Ehen nur Leibeigenen verboten, Todfallabgaben nur von Leibeigenen eingehoben werden konnten, dann mußte *Freiheit* als Forderung bedeuten, diesen Mechanismus zu durchbrechen.

Weil die Eigenschaft zu hohen Reibungsverlusten zwischen Obrigkeiten und Untertanen führte, suchte man schon seit langem von beiden Seiten Lösungen durch gerichtliche Entscheidungen. Folglich kamen auch die Juristen ins Spiel, solche, die an Universitäten ausgebildet waren, nicht minder als durch Erfahrung und Praxis als rechtskundig geachtete Personen. Der Diskurs griff damit vom bäuerlichen und herrschaftlichen Alltag hinüber in die theoretischen Erörterungen unter Juristen. Der in Oberdeutschland oft herangezogene Schwabenspiegel – rund 300 Handschriften und mehrere Drucke waren Ende des 15. Jahrhunderts im Umlauf – widersprach einer rigiden Ausgestaltung der Eigenschaft mit dem Argument, „Got hat den Menschen nach im selben gebildet". Eine der drei von den Bauern in den Zwölf Artikeln herangezogenen Begründungen für die Freiheit teilt er mit dem apodiktischen Satz, „in den altvn Schrifte vinden wir niht, das ieman des andern aigen si", folglich lasse sich die Leibeigenschaft aus der Heiligen Schrift nicht begründen.

Ulrich Tengler hatte in „Der neü Laienspigel" (1511), einem unter der deutsch geschriebenen, populären Rechtsliteratur des 16. Jahrhunderts besonders erfolgreichen Werk, „aigen Leüt" als solche definiert, die „wider das natürliche Recht frömbder Oberkait oder Herrschung [...] underworfen" werden. Daß Untertanen ihrer *libertas naturalis* beraubt seien, werde begründet mit „Landts Gewonhaiten, die mit Eerlaubnuß zuo reden, billich und vil ee für Unrecht und ungötlich Mißbrauch weder rechtlich Gewonhaiten mögen zu achten sein". Ulrich Zasius, unter den römischrechtlichen Juristen einer der prominentesten seiner Zeit, war zu der Einschätzung gekommen, *Eigenleute* („homines proprii") stünden den Freien nahe, da sie Eigengüter besäßen, ihren Besitz vererbten, Testamente machten, Verträge mit ihren Herren schlössen und im Gericht als Urteiler säßen. Offenbar waren solche Vorstellungen unter Juristen nicht ungeläufig, denn die Begründung des Erbschaftsanspruchs der Ochsenhauser Bauern für ihre Kinder mit „göttlichem, natürlichem, gaistlichem und kayserlichem Rechten, auch von gemainem Landsbruch" stammte vermutlich von Cuonrad Blicklin, einem Tübinger Juristen.

In dieser gereizten Stimmung entwickelte Martin Luther mit den Posaunen seiner Rhetorik, als müßte er die Mauern von Jericho niederlegen, den reformatorischen Begriff der *Freiheit* gegen den Papst und das Kirchenrecht. „Von der Freiheit eines Christenmenschen", eine Broschur von zwölf Blatt

Abb. 4: *Freiheit* als Bannerträger, die „Freiheit eines Christenmenschen" von Luther als Feldgeschrei ironisierend. Holzschnitt aus: Thomas Murner, Von dem Großen lutherischen Narren, Straßburg 1522. Bildvorlage nach der kritischen Ausgabe von Paul Merker, Thomas Murners Deutsche Schriften IX, Straßburg 1918, S. 183.

in Quartformat in der Ausgabe Jörg Nadlers in Augsburg, gehört zu den theologisch und sprachlich eindrücklichsten Texten der Reformationszeit. Luther hatte ihn 1520 geschrieben, rasch erreichte er in Augsburg, Straßburg und Wittenberg je fünf Auflagen. Mißgünstige Zeitgenossen und streitbare Altgläubige machten daraus ihre Comics, wie Thomas Murner, der in seinem „Großen lutherischen Narren" emblematisch die Leitbegriffe und Schlagworte der reformatorischen Bewegung in drei aufgeblasenen Bannerträgern mit den Fahnen *Evangelium*, *Wahrheit* und – *Freiheit* ironisierte und karikierte (Abb. 4). Vermutlich völlig erfolglos, denn einerseits üben sie auf den Betrachter eine große Faszination aus, andererseits wurde das Werk als polemisch vom Rat in Straßburg, wo es gedruckt worden war, konfisziert. Damit war die Freiheit auf die Ebene der Theologie gehoben und angesichts der Religiosität der Zeit um eine heilsgeschichtliche Dimension erweitert.

Luthers Freiheitsvorstellung ergibt sich aus seinem Verständnis der Rechtfertigung. Freiheit wird dem Menschen durch die Gnade Gottes zuteil, sie ist also eine Befreiung des Christen, doch nur des gläubigen. Deswegen spricht Luther immer wieder, eigentlich und strenggenommen ausschließlich von einer *christlichen Freiheit*. Die Freiheit, die man in der Welt verwirklichen muß, ist eine solche, die sich über die verkehrten Gebote des Papstes und der Kirche hinwegsetzt. Das Kirchenrecht wird einer Verträglichkeitsprüfung durch das *reine Evangelium* unterworfen. Den Priestern ist die „Freiheit, ehlich zuwerden", zuzugestehen, weil Gott selbst die Ehe nicht verboten hat, und folglich soll sie niemand verbieten, „ob er gleich ein Engel vom Himel were, schweig den Bapst". Die Freiheit ist auf alles auszudehnen, was das Evangelium nicht verbietet und nicht gebietet, und es gebietet nichts anderes „denn gläuben und lieben".

Luthers Reden von der Freiheit verlangt immer, die adjektivische Präzisierung *christlich* hinzuzusetzen. So konnte er dann auch sagen, „der frei Wille nach dem Fal Ade [Sündenfall Adams] odder nach der gethanen Sund ist ein eiteler Name, und wenn er thut das seine, so sundigt er todlich". Die Humanisten waren entsetzt, namentlich Erasmus von Rotterdam, zumal sie doch gerade aus der *virtù* als willentlicher Verwirklichung des freien Menschen ihren Optimismus und ihr Selbstbewußtsein zogen. Jetzt wurde nochmals in Europa die Freiheit als anthropologische Grundfrage unter den herausragenden Intellektuellen der Zeit diskutiert, im geziemend zivilisierten Austausch gedruckter lateinischer Büchlein.

Luther hatte mit seinem Traktat „Von der Freiheit eines Christenmenschen" ein Wort freigelassen, auf das sich alle Argumente gegen die Leibeigenschaft fokussieren ließen – *Freiheit*. Als es seine Wirkung tat, versuchte er es wieder einzufangen. Aus der Freiheit des Christen folge mitnichten eine solche des Menschen, das zu verlangen hieße, „christliche

Freiheit gantz fleischlich machen". Es hatte sich freilich längst verselbständigt.

Am Hof Kaiser Karls V. und an dem seines Bruders Ferdinand war es, um auf die Ebene der hohen Politik zu wechseln, *communis opinio*, aufständische Bauern und lutherische Sektierer in einen Topf zu werfen und diesen mit *Freiheit* zu beschriften. Eine in Toledo ausgefertigte Depesche der bei Karl V. akkreditierten Botschafter Cuthbert Tunstal und Richard Sampson an König Heinrich VIII. von England gibt einen Bericht von den Ereignissen im Reich 1525. Der Erzbischof von Mainz, heißt es dort unter vielen anderen detaillierten Meldungen zum Verlauf des Bauernkriegs, habe mit den aufständischen Bauern einen Vertrag schließen, ihnen seine Festungen übergeben und der Ausbreitung der evangelischen Predigt tatenlos zusehen müssen. Umstandslos wird der Bauernkrieg mit der reformatorischen Bewegung in eins gesetzt. Das gilt auch für ein Schreiben Karls V., das dem englischen König zur Information durch Botschafter am 11. August 1525 übergeben wurde. Um die „mauldicte secte Lutherienne" auszurotten, deren Umtriebe schon mehr als 100 000 Menschen das Leben gekostet hätten und durch die eine große Zahl von Dörfern, Burgen, Klöstern und Kirchen zerstört worden sei, müsse er ins Reich zurückkehren, zumal die „lutheranischen Bauern" den Obrigkeiten das Gesetz des Handelns diktierten und die Untertanen aller Fürsten rebellierten und nach Freiheit schrien, entsprechend den Regeln der genannten Sekte – „tendans a liberte selon la rigle de ladite secte". Zwischen diesen Briefschaften liegen englisch abgefaßte anonyme „Articles of Almayne", die sich kürzlich als eine Übersetzung der Artikel des bischöflich-augsburgischen Pflegamts Rettenberg herausgestellt haben. Sie wurden vermutlich mit der Gründung der *Christlichen Vereinigung* der Allgäuer am 14. Februar in Sonthofen an Ferdinand als Statthalter des Kaisers geschickt und galten so an den habsburgischen Höfen als die einzig autorisierten Artikel des Bauernkriegs. Ihr strammer Antiklerikalismus und ihr nüchternes Freiheitspathos konnten als spiegelbildlich gelesen werden, obschon

Karl V. natürlich nicht auf diese Quellen angewiesen war, um sich sein Urteil über Luther und die Bauern zu bilden.

Es wäre müßig, die vielen, sich freilich auch ständig wiederholenden Argumente zu repetieren, daß, wie und wo die Bauern Luther mißverstanden haben. Auf die Zwölf Artikel hatte er geantwortet, sich an die Herren wendend, sie sollten die Lasten mindern und das reine Evangelium nicht unterdrücken, den Bauern jedoch gesagt, ihre Forderungen mit dem reinen Evangelium zu begründen verbiete sich, und der Obrigkeit sich zu widersetzen sei unrechte, sei angemaßte Gewalt. Die Bauern hatten insbesondere ihre Freiheitsforderung gut zu begründen gesucht, und sie taten es, um nochmals daran zu erinnern, mit drei Argumenten, dem Erlösertod Christi, der Nächstenliebe unter Christen und der durch Gott in die Welt gelegten Schöpfungsordnung. Luther hat eine solche Legitimierung wegbewiesen, und zwar mit dem theologisch guten Argument, Christus sei am Kreuz gestorben zur Erlösung der Menschen von ihren Sünden, nicht aber von ihrer Leibeigenschaft. In eine Diskussion der beiden anderen Argumente ist er gar nicht eingetreten, die Zürcher Reformatoren hingegen schon, die dem Rat empfahlen, die „leibeigen Lüt sölicher Eigenschaft fri [zu] sagen", und zwar mit der Paraphrasierung des zweiten Arguments der Bauern, unter Christen solle man „brüderlich einander leben". Erasmus von Rotterdam schließlich teilte die bäuerliche Interpretation zur Gänze, denn „wie schantlich ist es", sprach er an die Adresse der Fürsten gerichtet, „daß du die Eigenlüt hast, die Christus mit seinem Blut gemeinlich erlöst und fri gemacht, die er mit dir spisst mit glichem Sacramenten". Es gibt, sollte das heißen, keine zwei Freiheiten, eine christliche und eine weltliche, sondern nur eine, die sich aus dem Kreuzestod Christi begründet. Auch geziemt es sich gar nicht, fuhr Erasmus fort, „das ein Christ Gewalt bruch über andere Christen", das war das Argument, christliche Nächstenliebe verbiete Leibeigenschaft. Selbst bei den Heiden, fügte Erasmus endlich bei, gelte der Grundsatz, daß „die Natur alle Menschen fri hat geboren und Eigenschaft wider Natur ist eingeführt".

Schließlich war der Druck auf die Leibeigenschaft so stark, daß selbst nach dem niedergeschlagenen Bauernkrieg die Stände auf dem Reichstag 1526 in Speyer nach Lösungen suchten, „ob nit Mittel zu finden weren, wie sich die Leibeigenen abkaufen mochten".

In den Feldlagern der Bauern wurde, wie ihre Artikel und namentlich die Zwölf Artikel ausweisen, das Freiheitsproblem in einer bisher unbekannten Gründlichkeit diskutiert, die auch später nicht mehr erreicht wurde, jedenfalls nicht in einer vergleichbaren sozialen Breite. Die Freiheitsdebatte der Aufklärung ist dagegen ein zirkuläres Unternehmen unter Intellektuellen, erwiesenermaßen hat sie den größten Teil der Gesellschaft des 18. Jahrhunderts überhaupt nicht erreicht.

1525 ging es nicht vornehmlich um ökonomische Entlastungen, wenn die *Abgaben im Todesfall* attackiert wurden (selbstverständlich ging es darum *auch*), sondern um eine Billigkeitskriterien respektierende Verteilung der Gewinne aus der Landwirtschaft, die hundert Jahre zuvor mangels eines Marktes, des städtischen nämlich, gar nicht zu erzielen waren. Es ist kein blanker Zufall, daß der Bauernkrieg dort stattgefunden hat, wo der Marktaustausch besonders intensiv war, die Zahl der Städte besonders hoch, deren Bevölkerungen besonders groß und entsprechend die Nachfrage nach landwirtschaftlichen Produkten, besonders auch hochwertigen und arbeitsintensiven wie Wein, besonders lebhaft. Wieso sollten die Gewinne der herrschaftlichen Repräsentation dienen und in den Kirchen-, Kloster- und Burgenbau gehen, zumal der Bauer ohnehin von seinem Hof die herkömmlichen grundherrlichen Abgaben und zusätzlich noch die bislang kaum herkömmlichen, neu eingeführten und deutlich gesteigerten Steuern zahlte? Der Anspruch, die Kinder erbfähig zu machen, problematisierte die bestehende Realität als eine solche nach der gesellschaftlichen Würde der Arbeit.

Die *ungenoßsame Ehe* schon als Begriff ad absurdum zu führen, geschah gewiß auch interessengeleitet aus den immer weiter ausgreifenden Heiratskreisen angesichts der zunehmenden horizontalen Mobilität, in Wahrheit wurde indessen eine der unglaublichsten Verwirrungen von Rechtspositionen ans Licht gezerrt und auch dem verdienten öffentlichen Gespött preisgegeben. Die Kirche als Institution hatte die Konsensehe mit der Würde eines Sakraments ausgestattet, die kirchlichen Würdenträger als weltliche Herren kriminalisierten sie mit Geldbußen, Gefängnishaft und dem schier unfaßbaren Ausschluß der jungen Eheleute von den Sakramenten, zumindest verweigerte man den Brautleuten die Einsegnung in der Kirche.

Nur ein, zwei Generationen vor dem Bauernkrieg wurde aus der Eigenschaft die *Leibeigenschaft*. Mit dem Begriff wird die Absicht abgebildet, die Eigenleute, die Gotteshausleute, die armen Leute, den armen Mann und den Gemeinen Mann (oder wie immer er genannt wurde) einer ausschließlichen Gebotshoheit einschließlich einer damit korrespondierenden Gerichtsbarkeit zu unterwerfen. Damit hoffte man zweierlei zu erreichen, eine Monopolisierung der Definitionshoheit dessen, was Recht sei, durch die Herren und eine Monopolisierung der gerichtlichen Abstrafung aller, die dieser Definitionshoheit, ausgedrückt in Gesetzen, zuwiderhandelten. Das fand den schärfsten Widerspruch des Gemeinen Mannes, denn es verstieß gegen die bisher von allen gesellschaftlichen Gruppen respektierte Rechtstheorie der Zeit, *Altes Recht* geheißen. Zuvor herrschten nämlich, jedenfalls im Gebiet des Bauernkriegs, umgekehrte Verhältnisse. Was Recht sei, wurde im Gericht erfragt. Maßstab waren Vernunft und Gewissen, erklärten die Urteilssprecher des Gerichts in Ochsenhausen, und sie waren Bauern.

Recht und Gerechtigkeit war das zweite große Thema des Bauernkriegs.

## 4. Kein Recht, unrecht, gerecht – wer hat die Definitionshoheit über Recht und Gesetz?

Revolutionäre Bewegungen haben für den nachgeborenen Historiker, der sie auf den Begriff bringen will, den unschätzbaren Vorzug, daß über die hinterlassenen Quellen die gereizten Nerven des politischen Körpers blank zutage liegen. Daß *kein Recht*, ja *Unrecht* herrsche, war eine verbreitete Stimmung der Zeit. Allerdings ist bislang selbst von Rechtshistorikern wenig analytischer Scharfsinn darauf verwendet worden, das zu erklären, obschon kein Jahr der frühneuzeitlichen Geschichte dafür mehr Zeugnisse hinterlassen hat als 1525.

Die Bauern der rund 30 Dörfer und Weiler der oberschwäbischen Klosterherrschaft Ochsenhausen verlangten um 1500 für ihre Kinder das Erbrecht, und zwar gleichermaßen an den Höfen, die sie bewirtschafteten, als auch am mobilen Nachlaß. Der Zugriff des Abtes auf ihre Hinterlassenschaft basiere auf „Gewalt und kainem Recht". Das ergäbe sich schon aus dem Umstand, daß die Erbschaftsansprüche „von der Gemain zuo Ochsenhusen oder merer Tail der selbigen nie gewilligt oder vergünstigt" worden seien. Recht muß von den Rechtsgenossen aktive Zustimmung erfahren, soll es verbindlich sein.

Konfliktstoff gab es auch noch auf einer weiteren Ebene. Die Rechtsprechung in der Klosterherrschaft erfolgte durch ein Gericht, das von Bauern aus allen Klosterdörfern als Schöffen besetzt wurde. Die Quellen nennen sie Richter. Grundlage der Rechtsprechung waren offenbar alte, nicht kodifizierte Gewohnheiten, vermutlich auch das Schwäbische Landrecht in Form des Schwabenspiegels. In Zweifelsfällen wandten sich die Ochsenhauser Richter an den Rat der nahen Reichsstadt Ulm und erbaten sich dort den Vorschlag für ein Urteil. Das Verfahren war also mündlich und entschieden wurde von Fall zu Fall, angelsächsischen *common law*-Gewohnheiten ähnlich. Der Abt von Ochsenhausen führte in diese Form der Rechtsfindung Neuerungen ein. Er ließ seine

Mandate, Gebote und Verbote beim Gericht hinterlegen und zwang die Richter mit Verweis auf ihren Amtseid, sie zur Anwendung zu bringen. Das sei „inen schwer und unleidenlich“, klagten die Richter und baten, „si bleiben zuo lassen, wie von Alter Herkommen sei, nemlich das si nach irer Gewissen und Guotbedünken achten, was ainer verwirkt oder verschuldt hab“. Urteilsgrundlage sollte also das Gewissen der Richter sein. Das Verfahren des Abtes laufe auf „Zerstörung gutter Sitten“ hinaus und gefährde ihrer „Sell Säligkeit“ und bringe sie somit um ihr ewiges Heil.

Der Fall verschachtelt vier Probleme ineinander. Erstens wurden Sachverhalte des *Zivilrechts* wie Eheschließungen durch die Obrigkeit behindert und teils verboten und ließen sich damit als strafrechtliche Vergehen behandeln. Zweitens wurde mit Mandaten und Satzungen das *Strafrecht* positiviert und mit bestimmten Bußgeldern belegt, die mehr oder minder nach Belieben der Obrigkeit gesteigert werden konnten. Drittens griff die Herrschaft stark in die herkömmlichen *Verfahren des Gerichts* ein. Und viertens wurde die Herstellung der Rechtsgrundlage für die Arbeitsweise der Gerichte durch *Satzungen*, modern gesprochen Gesetze, ausgestaltet, an denen nicht der Inhalt selbst, sondern ihr Zustandekommen gerügt wurde, nämlich der nicht eingeholte Konsens der Gemeinde.

*Zivilrecht* und Strafrecht waren heillos und gewollt verwirrt worden. Das hat schon der Fall Kempten gezeigt, wo Menschen in Eisen geschlagen wurden, wenn die Heirat als „ungenoßsame“ dem Abt mißfiel. Der Fall war nicht singulär, sondern an der Tagesordnung, wie an wenigen Beispielen zur Kolorierung der Grundproblematik gezeigt werden kann.

Die Stühlinger Bauern rügten in ihrer 62 Artikel umfassenden Beschwerdeschrift beim Reichskammergericht generell, daß „burgerlich Hendel fur malefizisch Hendel“ angezogen, also Zivilsachen wie Straftaten behandelt würden. Selbst der Nachbar, der „heuslich oder heblich unter inen sitzt“ und folglich im Dorf bekannt ist, werde etwa wegen Schuldforderungen ins Gefängnis geworfen, und die Amtleute „laßen inen ligen, bis er sich mit inen vertragen nach irem Willen“. Die

Klettgauer bestätigen den von den Stühlinger namhaft gemachten Sachverhalt und wollten nicht „liden, daß man uns ein Bidermann, der das Recht vertrösten mag, fahen und in den Diebsthurn legen; es sei denn ein malefizischer Handel". Mord, Totschlag, schwerer Diebstahl und Brandstiftung, kurz, was als *malefizisch* oder *hochgerichtlich* in der Rechtssprache der Zeit galt, sollten die Demarkationslinie bilden, die allein es erlauben sollte, Menschen ins Gefängnis zu stecken. Allerdings sollte auch niemand „ausser Rechtens gestraft werden", wie das ganze Land Tirol von Ferdinand 1525 in den 96 Meraner-Innsbrucker Artikeln verlangte. War aber ein Urteil verfahrensrechtlich ordentlich gefällt, dann sollte es auch energisch durchgesetzt werden, damit „Ubl, Frevel und Untzucht ungepuest und ungestraft nit beleib", wie wiederum die Tiroler forderten.

Die Klagen waren nicht süddeutsch, sondern allgemein. Die Erfurter mit ihrem bäuerlichen Hinterland, der *Landschaft*, verlangten, „das man keinem vorpflichten Burger noch Landsassen gefenglich einsetzen soll, sondern ein iglichen zu seiner Antwort kommen lassen, es sei dan, das einer am Leib zu straffen sei". Die Klage wurde auch von Bauern des Reichsstifts St. Gallen erhoben. Konkret ging es in St. Gallen um Ansprüche des Klosters an den Liegenschaften und dem mobilen Nachlaß, die offenbar als Befehle (*Gebote*) ausgefertigt wurden. Widersetzte sich der betroffene Bauer diesem Anspruch, wurde er wegen Übertretung eines Gebotes festgenommen. Diese Praxis verbot ein Schiedsspruch der Eidgenossen. Künftig sollten solche Verfahren vor die örtlichen Gerichte kommen, wo sie wie früher üblich als zivilgerichtliche Fälle zu verhandeln waren. In allen anderen Fällen empfahlen die Eidgenossen eine zügige gerichtliche Entscheidung.

Das Vertrauen in das Recht war zweifellos zutiefst gestört. Bislang waren privatrechtliche Ansprüche nach Herkommen und Billigkeit im gerichtlichen Verfahren durch Urteiler (Schöffen) entschieden worden. Jetzt wurden privatrechtliche Ansprüche der Herrschaft schriftlich als Gebote oder Verbote ausgefertigt, etwa feste Termine für die Lieferung des Getreides

(*Gebot*) oder Einschränkungen der Ehe (*Verbot*) festgesetzt, und deren Übertretungen als Vergehen verhandelt, die mit *Strafen* geahndet werden konnten. So schwierig es ist, mit der modernen Rechtsterminologie die Verhältnisse um 1500 angemessen abzubilden, weil die Scheidung in *bürgerlich* (zivil) und *öffentlich* (publik) um 1500 erst in allmählich systematischeren Formen erfolgte, so nützlich ist sie doch andererseits, um den Wandel in seiner systemverändernden Bedeutung zu erfassen.

Das *Strafrecht* selbst nahm von den Friedensbemühungen des Mittelalters seinen Ausgang. Mord, Brand, Diebstahl und Notzucht wurden öffentlich kriminalisiert, jedenfalls nicht mehr der Rache der einzelnen Familie anheimgestellt und auch als Formen der Fehde des Adels immer weniger geduldet. Die Schweiz hatte den Frieden schrittweise im 13. und 14. Jahrhundert durchgesetzt, das Reich mit dem Ewigen Reichslandfrieden von 1495. Es lag in der Logik dieser Entwicklung, vorbeugend auch geringere Gewalttätigkeiten wie Schlägereien oder Verbalinjurien zu verbieten und deren Übertretung mit Geldbußen zu ahnden. Die Gesetzgebung beginnt wesentlich in diesem Raum gesellschaftlich anerkannter Grundwerte.

Es wurde bislang noch nicht geklärt, ob die ständige Erhöhung der Bußgelder einer wachsenden Kriminalität geschuldet war (was unwahrscheinlich ist, weil Bürger und Bauern stark am Frieden interessiert waren) oder einer wachsenden Geldgier der Herren. Jedenfalls monierten die Bauern (und in Tirol, Salzburg und anderwärts auch die Bürger) die ständig steigenden Sätze.

Nach Auskunft der Klettgauer paarte sich mit der Ausbildung des Strafrechts die obrigkeitliche Fiskalisierung der Rechtspflege. Denn „wenn zwen miteinander in Unfrieden kommen, dörfen sie nit draus kommen, ohne unser Herren Wissen und Willen“. Gütliche, familiäre, außergerichtliche Schlichtungen waren gar nicht mehr erlaubt, sollte das heißen. Ein Einzelfall war das nicht, die gleichen Klagen waren auch auf der Zürcher Landschaft zu hören. Die Stühlinger brachten den Reichskammerrichtern zur Kenntnis, daß früher auf „Maulstraich" (heute ähnlich bildhaft Ohrfeigen geheißen, nur die Schwaben nennen das noch *die Gosch verschlagen*) eine Strafe von drei oder fünf Schilling stand, jetzt sei daraus ein *großer Frevel* gemacht worden, der von den Vögten und Oberamtleuten festgesetzt und eingezogen würde. Zuvor waren Unteramtleute, Schultheißen und Ortsvögte einzugsberechtigt gewesen, die Strafgebühren blieben im Dorf, konnten also für dessen Belange verwendet werden, wurden aber gelegentlich bei Dorffesten auch „durch die Gurgel gejagt", wie aufmerksame Polizeitheoretiker noch Ende des Jahrhunderts beobachteten.

Wo immer Zahlen vorliegen, sind die Steigerungen spürbar, gelegentlich sind sie unverschämt. „So einer den andern blutrissig macht, ist an ettlichen Orten acht Pfund, war vor nit mehr denn drei Pfund", das war spürbar. „Wenn zwei Weiber mit einander freveln, verfallend drei Pfund, war vor achtzehnt Heller"; was die Klettgauer hier registrieren, war unverschämt. Die Fiskalisierung der Strafrechtspflege war auch dem Verfahren geschuldet. Derjenige, der die Bußen verhängte und die Strafgebühren einzog, in der Regel der Vorsitzende des Gerichts, wurde nicht nur daraus bezahlt, sondern daran prozentual beteiligt. Richter sollen an den Strafgeldern „kain Interesse oder Genieß haben", war die einhellige Meinung der bäuerlichen Landgerichte und bürgerlichen Stadtgerichte in der Grafschaft Tirol, sondern auf feste Besoldung gesetzt werden, „damit wird verhuet die unpillichen Pönen und der Eigennutz".

Im Strafrecht waren die Übergänge von Geld- zu Körperstrafen fließend; was aus archaischen Zeiten hervorgekramt wurde, um die eigenen herrschaftlichen Interessen durchzusetzen, läßt sich schwer abschätzen. Die Stühlinger meinten, das Jagdverbot der Herrschaft, das im allgemeinen eine verheerende Verwüstung der landwirtschaftlichen Kulturen zur Folge hatte, widerspreche „göttlichen und rechtlichen Gesetzen". Ja, würde man heute sagen, angesichts der Strafe – „so einer das Gebot ubertritt und ergriffen wurt, so sticht man ime die Augen aus".

Hinsichtlich des *Verfahrens vor Gericht* spaltete sich um 1500 die Gesellschaft in zwei Lager. Herkömmlicherweise wurde Recht im Gericht *gefunden*, *gewiesen*, *geöffnet* (oder wie sonst die Dialekte sagen), also durch Verfahren im Beisein von Klägern und Beklagten entschieden, und zwar auf dem Land wie in der Stadt durch *Urteiler* (Schöffen würde man sie heute nennen), die Laien waren, also nach Herkommen, Erfahrung und Vernunft urteilten. Und nach Gewissen – schließlich waren sie vereidigt. Die Ochsenhauser Bauern waren nicht allein, überall anderwärts wollte man bei diesem Verfahren bleiben. In den Worten der Stühlinger floß das in den Artikel, „uns bi unsern Gerichten, darunter wir geseßen, pleiben zu laßen und on Erkanntnus des Gerichts in kein Weis zu strafen". Das habe für zivilgerichtliche und kriminalgerichtliche Fälle gleichermaßen zu gelten. Unkenntnis des lokalen Rechts und der individuellen Umstände führe zu ungerechten Urteilen, ja solchen von schierer Willkür. Der Auffassung waren die Eidgenossen schon zwei Jahrhunderte zuvor gewesen und hatten, weil sich das Problem mit den Habsburgern nicht lösen ließ, den republikanischen Weg in die Moderne gewählt.

Der Gemeine Mann verfügte, bilanziert man die spätmittelalterlichen Verfahren, über die Interpretationshoheit des Rechts. Die Herrschaften des 16. Jahrhunderts hingegen machten aus Rechtsfragen Machtfragen, jedenfalls sofern man den klagenden Bauern glaubt. Die Herren nämlich beanspruchten in zunehmendem Maße auch in der Rechtsprechung eine *Superiorität*. Hatten sie sich lange mit ihrer Funktion der Gewährleistung von Recht durch den Schutz des Gerichts und die Exekution der Urteile zufriedengegeben (*Vogtei*), so verlangten sie jetzt, assistiert von einem wachsenden Heer arbeitssuchender, stramm am römischen Recht ausgebildeter Juristen, das Recht schriftlich zu positivieren (*Gesetz*) und die Entscheidung über Gesetzesübertretungen mehr und mehr an Professionelle zu übertragen – Amtleute, Obervögte und Räte.

Verlor der Abt von St. Blasien vor den örtlichen Gerichten einen Prozeß gegen einen Untertanen, dann nahm er das Urteil nicht an, sondern zog den Fall an die nächsthöhere Instanz, nämlich sein Kammergericht, das zur Hälfte „mit seinen Vögten und Dienern“ und fremden Urteilern besetzt war. In den Nachbartälern Schönau und Todtnau wurden die örtlichen Wochengerichte von vornherein mit herrschaftlichen „Pfründnern“ besetzt und „also mit parteiischen und verdächtigen Personen“. Die Besetzung der Gerichte erfolgte offenbar nicht mehr durch Kooptation oder im einvernehmlichen Zusammenwirken von Gerichtsherrschaft und Gerichtsgenossen, sondern vornehmlich durch die Obrigkeit. Ließ sich das nicht durchsetzen, unterspülte man die Autorität der Gerichte, indem man ihnen die Fälle entzog. Damit nicht genug, man belangte die örtlichen Richter vor dem übergeordneten Landgericht. „Item wiewohl unser Gerichtspersonen zu dem Rechten gelobt und geschworen und nach irer besten Verstäntnis in Sachen, so vor sie bracht worden, urteilen, niemant zu Lieb, noch zu Leid“, klagen die Stühlinger nicht anders als die Ochsenhauser, würden die Amtleute, wenn ihnen ein Urteil mißfalle, die örtlichen Richter vor die Landgerichte zitieren. Dort würden sie angeklagt, „sie haben nit recht geurteilt“, und dafür auch noch bestraft, was die bisherige Urteilsgrundlage nach Gewissen und Verstand untergrabe. Auch die Klettgauer denunzierten die Eingriffe der Gerichtsherrschaft in die Verfahren als solche, die willentlich die Autorität der Gerichtspersonen unterspülen sollten.

Das hieß nicht, stur am Alten festhalten und jede Reform des Gerichtsverfassungsrechts blockieren. Im Gegenteil kamen aus den Dörfern auch Verbesserungsvorschläge. Es sei Unsinn, junge Burschen von zwölf Jahren im Gericht rügen zu lassen und sie zu verpflichten, das Gerügte zu beeiden. Die Bauern wollten eine effektive Rechtspflege, aber sie wollten aus ihr nicht verdrängt werden. „Dieweil aber Obrigkait darzue gesetzt und verordnet ist“, nicht nur Abgaben von den Untertanen einzuziehen, sondern „das sie Landt und Leut schützen und schirmen und Ubltäter richten sollen, das wellen wir, das es beschech“, hieß es in Salzburg. Doch solle man „die merklichen Ubltäter nit ohne Rate ainer Gemain“ wieder freilassen, schon gar nicht gegen Geldzahlungen, weil das nur

„Ursach gebe zu Mordt, Raub, Dieberei, Ubltat und Landtschaden". Die Gemeinde muß bei der Bestellung eines Richters beteiligt sein, anderenfalls gingen diese „auf den Stelzen" und machten sich mit „Schinden und Schaben" über den Gemeinen Mann her. Nicht anders in Tirol – die Gerichte müssen mit verständigen, des Landrechts kundigen Einheimischen „als von Adl, Steten und Gerichten, und nicht von aussern oder gaistlichen Leutten noch Doctores besetz werden", und es soll „mundtlich und nicht schriftlich procediert werden".

Die örtlichen Urteilergerichte ließen sich auf vielfache Weise schwächen, durch das Einsetzen gefälliger Richter, durch die Aufhebung von Urteilen in der zweiten Instanz, durch Eingriff in die laufenden Verfahren zugunsten der übergeordneten Gerichte. Wichtig und zukunftsweisend war letztlich die Positivierung des Rechts in schriftlicher Form mittels obrigkeitlicher *Satzungen.*

Die Dörfer des Klosters Maulbronn an der Grenze zwischen Württemberg und Baden klagten, „das kain armer Man mer beliben mag bi eines yetlichen Flecken Gewonheiten, Gebrauch und Gerechtigkeit". Untertanen des Grafen von Katzenellenbogen aus Menzigen beschwerten sich bei ihrem Landesfürsten, Landgraf Philipp von Hessen, man hätte bisher an den herkömmlichen Gerichtstagen „des Dorfs Gerechtigkeit" durch den Richter verkündet. „Dises loblich alt Herkommen und Gebrauche hat uns unser Herschaft verbotten und dern entsetzt". Das periodische Verlesen des Dorfrechts wurde von der Herrschaft also untersagt, zweifellos in der Absicht, ihre eigenen Satzungen durchzudrücken. Das bestätigt die Klage der Menzinger, ihr Herr habe ihnen verboten, komplizierte Rechtsfälle nach Bretten, ihren Oberhof, zu ziehen. So war auch den Ochsenhausern verboten worden, sich der Ulmer Räte als Rechtsberater zu bedienen.

Wie das Gerichtsverfahrensrecht nach Auffassung der Bauern nicht prinzipiell jeder Modernisierung entzogen werden sollte, so auch nicht die Gesetzgebung. Im Gegenteil, die seit kurzem *Policeyen* genannten Gesetze wurden sogar gewünscht. Die Tiroler Beschwerden sind voll mit solchen Forderungen. Fluchen, Saufen und Zutrinken sei an der Tagesordnung, „damit aber demselben Widerstand beschehe, [sei] furtzunemen, das an kainem Ort auch niemandts, was Standts er sei, nit gestatt werde, dieihenigen, so unehelichen beiainander sitzen, beleiben zu lassen, auch die Eeprecher und Eeprecherin, Gotzlestrer und Zuetrinker [...] zu gestatten und ain minders Menschengepott hoher zu straffen, dann die Ubertrettung der Gepott Gottes". Völlig unbeeindruckt vom Reiz der multikulturellen Gesellschaft, die Erzherzog Ferdinand an seinen Hof nach Innsbruck gelockt hatte, verlangten die Tiroler Städter und Bauern, die „Saffoier, Schotten, Niederlennder" aus dem Land zu schaffen. Sie würden keine Steuern zahlen und keinen Wehrdienst leisten, zögen nur „dem gemainen Man mit irer unbesichtigten War" das Geld aus dem Sack, schädigten die heimischen Gewerbe und gäben zu „vil Betrug und Meuterey" Anlaß.

Die Bauern und Bürger wollten Ordnungen, aber solche, die nicht die herkömmlichen Verfahren auf den Kopf stellten und nicht nur herrschaftliche Interessen berücksichtigten. Vorbilder für solche Verfahren gab es durchaus, auch wenn sie in den Schriftsätzen nicht explizit als Begründung herangezogen werden. In Schwyz, und so überall um den Vierwaldstättersee, wurden die strafrechtlichen Statuten, die im Reich herrschaftliche Satzungen waren, von der Gemeinde selber erlassen. *Einung* ist der dafür von den Zeitgenossen gebrauchte Ausdruck. „Wier der Landtamman, die Räte und die gemein Landtlütte zu Schwytz bekennent und thunt kundt menglickem" lautet die Formel, mit der die Landsgemeinde der Talschaft Schwyz eine Strafrechtsbestimmung verabschiedete, die das Tragen von Waffen, Schwertern, Degen und Messern verbot und Schlag- oder Stichwunden mit einer Buße von fünf Pfund Pfennig ahndete. Hier und in Uri, Unterwalden, Zug, Glarus bis hinüber ins Appenzell gab es keine Krise des Rechts. Selbst in die habsburgische Ländermasse hinein reichten solche Rechtssetzungskompetenzen ländlicher Gemeinden. Im Montafon wurde der *Landsbrauch* 1545 von den ältesten Geschworenen und Nachbarn der *Hofjünger*, wie die Bewohner dort hießen, aufgeschrieben und dem Vogt, Märk Sittich von Hohenems, vorgelesen. Der hat „anstatt der Obrigkait sölichs beleiben lassen und auch etlich neu Artickel, wie hernach begriffen, mit Rat und Bewilligung der gemeinen Hofjünger in ewig Zeit für Satzungen und Bräuch stet und fest zu halten etc. fürgenomen". Erbrecht, Wehrpflicht, Freizügigkeit, Besetzung der Gerichte sowie Nutzung der Alpen, Seen, Flüsse und Wälder regelte die Nachbarschaft, Polizeien über die Kirchweih, das Wirtshaus, den Weinausschank und die Aufnahme von Kapitalien regelte der Vogt einvernehmlich mit seinen Untertanen. Wo Recht und Gesetz so ihren Fortgang nahmen, gab es nachweislich auch keinen Bauernkrieg.

Es gibt, um vom Speziellen zum Allgemeinen zu kommen, eine quantifizierende Auswertung der Beschwerden aus Oberschwaben. Ihr zufolge wird in 10% aller überlieferten Beschwerdeschriften über Bußenerhöhungen geklagt, höher liegen mit 22% die Beschwerden über die Gesetzgebungspraxis. Der Eindruck, daß die Praktiken der Rechtsprechung, also verfahrensrechtliche Fragen, den eigentlichen Knoten des Problems schürzten, bestätigen 41% aller Beschwerden. Eine Generalisierung der konfligierenden Felder des Rechts fanden die Bauern, wie so oft, in der lakonischen Fassung der *Zwölf Artikel.* „Zuom neünten seien wir beschwertt der grossen Frefel, so man stetz new Satzung macht, nit daß man uns straft nach Gestalt der Sache, sondern zu Zeiten uß grossem Neid, und zu Zeiten auß grossem Gunst. Ist unser Mainung, uns bei alter geschribner Straff straffen, darnach die Sach gehandelt ist, und nit nach Gunst".

Der Satz inkorporiert mit dem Verweis auf *Altes Recht* eine Hoffnung, die schon bei der Niederschrift nicht mehr dem erreichten Bewußtseinsstand entsprach. Denn schon im Nachwort der Zwölf Artikel beriefen sich die Bauern auf das *Wort Gottes*, von dem sie glaubten, daß es alle Artikel, somit auch den neunten, abdecke. Was bislang als *Altes Recht* galt (und allen gesellschaftlichen Gruppen über Generationen hinweg als anerkanntes Mittel gedient hatte, Konflikte zu lösen) war schleichend außer Kraft gesetzt worden – Vernunft und Gewissen der Richter als Instrumente und regionales Herkommen sowie persönliche Umstände als Partitur der Rechtsfortbildung waren auf dem Weg, ausgewechselt zu werden, die gemeindlichen Laienrichter gegen Juristen im Dienste der Herrschaft, Herkommen und Umstände gegen obrigkeitliche Normenkataloge.

Lösungen waren nicht in Sicht oder wurden, soweit sie in Sicht waren, rasch verworfen, zumal sie sich teilweise selbst diskreditiert hatten. Eine Hoffnung war sicher das Reichskammergericht, eine junge Institution, an die sich viele Erwartungen knüpften, sollte es doch den von den Bauern und Bürgern gleichermaßen so sehr herbeigesehnten Frieden sichern. In der Tat haben ja auch viele Bauernschaften 1525 ihre Artikel an das Reichskammergericht gesandt, allerdings ohne daß etwas geschehen wäre. Bei den Schweizern hatte das Gericht durch ungeschickte Urteile recht früh seinen Kredit verspielt. Die fränkischen Bauern konnten sich seine Reorganisation noch denken, doch sollte es „nit pompisch, stolzirlich, spatziglich oder zerlich" zugehen, vielmehr sollten Pomp, Stolz, Zeitverschwendung und Zehrkosten dadurch vermieden werden, daß das Gericht „mit vleissigen Leuten besetzt" werde, genauerhin sollten unter den 16 vorgesehenen Kammerrichtern vier Bauern und sechs Bürger sein. Und vor allem sollte das „gotlich und naturlich Recht" anstelle des bisher gebrauchten „weltlich Recht" zur Anwendung kommen. Huldrich Schmid von Sulmingen indessen winkte dankend ab, als die Boten des Schwäbischen Bundes das Reichskammergericht als Gerichtshof für die Entscheidung der eingereichten 300 Beschwerden aus Oberschwaben vorschlugen. Was er, die fränkische Variante radikalisierend und überbietend, als unverzichtbar erklärte, war – das *Göttliche Recht*.

Wo immer man die Artikelbriefe und Korrespondenzen näher ausleuchtet, zeigt sich, daß sich in der kurzen Zeit von Wochen, längstens zwei Monaten, die Figur des Göttlichen Rechts überall durchsetzte und schließlich flächendeckend im ganzen Aufstandsgebiet die legitimatorische Grundlage bildete. Im Wechsel vom *Alten Recht* zum *Göttlichen Recht* streiften die Aufständischen mit der Tradition auch alle konkreten Bindungen an ihre Herren ab, denn alles geltende Recht war regional oder territorial in dem Sinne, daß es sich auf den Raum einer Herrschaft bezog. Im Göttlichen Recht liegt auch der kreative Beitrag der Bauern zur Reformation. Heiko A. Oberman hat zu einer Zeit, als auch die Theologie- und Kirchengeschichte ihren Anteil an *linken*, *radikalen* und *revolutionären* Bewegungen in der Geschichte suchte, programmatisch festgestellt, „daß der Bauernkrieg mit gleichem Recht seinen Platz in der Kirchengeschichte beansprucht wie die Bewegungen, die von Wittenberg, Genf und Trient ausgegangen sind". Begründet hat er das mit der Referenz auf das reine Evangelium beziehungsweise dessen rechtsfigürliche Umsetzung auf das Göttliche Recht.

Es ist nicht leicht, einen *Ursprungsort* für das Göttliche Recht auszumachen. Vieles spricht dafür, daß es zeitgleich an vielen Orten entstanden ist.

Nach „göttlichem Rechten", meinten die Ochsenhauser im Februar 1525, deren Väter um 1500 die Folgen der Eigenschaft in erbrechtlicher und eherechtlicher Hinsicht angefochten hatten, und dies mit einigem Erfolg, soll jedermann „frei" sein und „alle die jhenigen Personen, Mans- und Weibspild, so bißher für leibaigen des Gotzhauß angezogen sind, fürohin der selben Leibeigenschafft lödig gezelt werden und nit wie die Küh und Kälber verkauft werden, dieweil wir alle nur ain Herren, das ist Got den Herrn im Himel, haben". Von einem *Leibeigenenmarkt* konnte selbstverständlich keine Rede sein, wohl aber wechselte der Bauer seinen Leibherrn, wenn der das Gut, auf dem er saß, verkaufte. Das war schon immer so gewesen, aber die Bauern hielten derbe Vergleiche doch für angezeigt, um ihrer kühnen Forderung selbst nicht zu mißtrauen. Die Richter Ochsenhausens weigerten sich jetzt noch energischer als eine Generation zuvor, den Satzungen des Abtes durch Urteilssprüche Rechtskraft zu verleihen, man möge ihnen das „nünhinfüro, wie billich, zimlich, götlich und recht ist, [...] erlassen".

Schon rund einen Monat zuvor hatten die Klettgauer ihre Beschwerden mit dem Argument eingeleitet, daß die von ihnen beanstandeten Verhältnisse weder durch *Evangelium und göttliches Recht*, noch durch *Billigkeit und Recht* gedeckt seien. Hingegen seien sie bereit, „alles, das wir unserm Herrn, Herrn von Sulz pflichtig und schuldig sind nach göttlichen Rechten", zu leisten.

Die Allgäuer dürften sich Ende Februar auf das Göttliche Recht verständigt haben. Es dient als Schlüsselbegriff in einem Schreiben an Erzherzog Ferdinand von Österreich als Stellvertreter des Kaisers. Es ist, schrieb die *Christliche Vereinigung* des Allgäus an ihn, „an Euer fürstliche Durchlaucht als Gubernator und Stathalter des Romischen Kaisers und Liebhaber der Gerechtigkait, Grunt und Ursprung und Beschirmer des götlichen Rechten unser untertenigist Anrueffen und Bit, lauter umb Gottes und der Gerechtigkait Willen, Euer fürstliche Durchlaucht als Gubernator welle uns arme Leut bei dem götlichen Rechten genediglich schützen, schirmen und hanthaben". Ein kurzes Schreiben von nur einer Seite enthält neun Mal das Wort Göttliches Recht. Noch einmal gewinnt der Kaiser, denn an ihn ist eigentlich das Schreiben letztlich adressiert, im Volk sein Charisma, und darauf gründet sich die Hoffnung, er als oberster Wahrer von Recht und Gerechtigkeit werde dafür sorgen, daß das einzig wahre Recht, das Göttliche Recht, zum Vorschein komme.

In den *Zwölf Artikeln* sind diese drei Traditionsstränge zusammengeschossen, nach Memmingen mitgebracht aus Baltringen, dem Allgäu und vom See, und haben von dort aus ihre katalytische Wirkung von Halberstadt bis Trient und von Straßburg bis Salzburg entfaltet. Deren Schlußartikel bringt nochmals zum Ausdruck, daß die Heilige Schrift absolut normativen Charakter für die soziale Ordnung haben muß. Auf alle Forderungen verspricht man zu verzichten, „wann mans uns mit Grundt der Schrift erklert". Der Umkehrschluß heißt, weitere Forderungen zu stellen, soweit sie sich aus der Schrift herleiten lassen (Abb. 5).

Ein grenzenloser Optimismus in die erlösende Funktion des

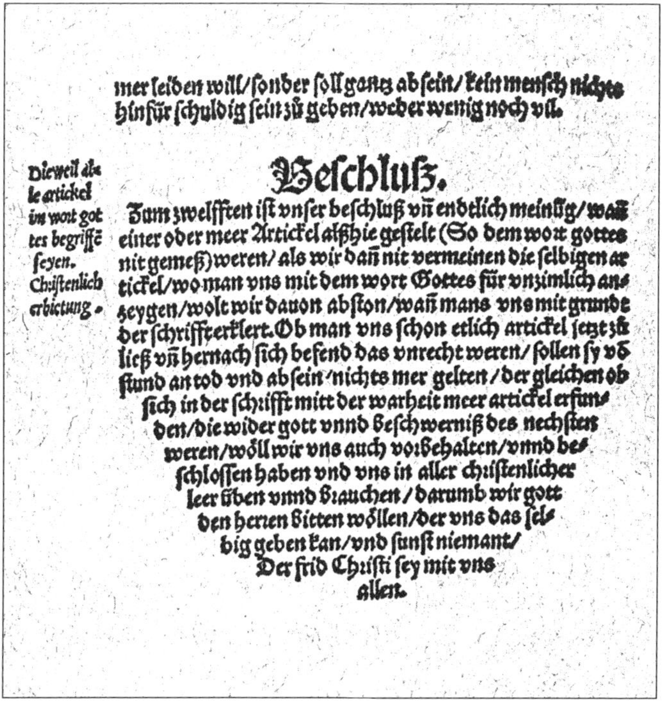

mer leiden will/sonder soll gantz ab sein/kein mensch nichts hinfür schuldig sein zů geben/weder wenig noch vil.

Dieweil alle artickel im wort gottes begriffē seyen. Christenlich erbietung.

## Beschluß.

Zum zwelfften ist vnser beschluß vñ endtlich meinūg/wañ einer oder meer Artickel alßhie gestelt (So dem wort gottes nit gemeß) weren/als wir dañ nit vermeinen die selbigen artickel/wo man vns mit dem wort Gottes für vnzimlich anzeygen/wolt wir davon abston/wañ mans vns mit grunde der schrifft erklert. Ob man vns schon etlich artickel jetzt zůließ vñ hernach sich befend das vnrecht weren/sollen sy von stund an tod vnd ab sein/nichts mer gelten/der gleichen ob sich in der schrifft mitt der warheit meer artickel erfunden/die wider gott vnnd beschwerniß des nechsten weren/wöll wir vns auch vorbehalten/vnnd beschlossen haben vnd vns in aller christenlicher leer üben vnnd brauchen/darumb wir gott den herren bitten wöllen/der vns das selbig geben kan/vnd sunst niemant/ Der frid Christi sey mit vns allen.

Abb. 5: Letzte Seite der Zwölf Artikel der oberschwäbischen Bauern, Straßburg [W. Klöpfel] 1525. Nach dem Exemplar der Öffentlichen Bibliothek der Universität Basel Ki. Ar. I VII 1 a Nr. 11.

Göttlichen Rechts machte sich überall breit. Die Tiroler und die Salzburger, die Elsässer und die Franken zogen daraus ihre Hoffnung. Politische Entscheidungen von größerer Bedeutung (und das hieß Gesetze, Ordnungen, Mandate) sollten in Erfurt nach der Vorstellung der Handwerker in der Stadt und der Bauern in der Landschaft nur mit ihrer ausdrücklichen Zustimmung erfolgen können, wurde in den *28 Artikeln* niedergelegt. Die städtischen Räte wurden auf sie als Verfassungsgrundlage verpflichtet, und, wie es in einem späteren Beschluß der Vertreter der Stadtviertel und der Handwerker als Repräsentanten „gantzer Gemeinde samt den Verordneten der gantzen Landschaft der Stadt Erffurt“ heißt, verpflichtet, Probleme von weiterreichender Bedeutung mit „Wißen und Willen“ von städtischer Gemeinde und bäuerlicher Landschaft zu entscheiden. Das hielten sie für evangeliumsgemäß und dem Göttlichen Recht entsprechend, anderenfalls wäre es überflüssig gewesen, Luther eigens um ein Gutachten zu diesen Forderungen zu ersuchen. Das Göttliche Recht auszulegen, beanspruchten die Laien nicht. Das sollten die Theologen tun. Die ihnen zugedachte Funktion war die von Verfassungsrichtern, wenn diese moderne, trotz ihrer Ungenauigkeit erhellende Assoziation erlaubt ist. Luther, der sich öffentlich über das neue Kommunikationsmittel Flugschrift dazu äußerte, war abweisend. Gerechtigkeit lasse sich nicht aus der legalistischen Ausdeutung des Evangeliums gewinnen. Den Erfurtern, die ihre Artikel in der Hoffnung formuliert hatten, sie seien evangeliumsgemäß, antwortet er frostig, sie seien „wider Gott und Vornunft“.

Unter den Bauern und Bürgern hat es hingegen nicht an Versuchen gefehlt, aus dem reinen Evangelium ein Göttliches Recht zu machen. In Mühlhausen in Thüringen kam es zu zwei nennenswerten Verfassungsrevisionen. Seit 1523 war für Stadtrechtsrenovationen und Ämterbesetzungen die Zustimmung „der Gemein“ oder der „Achteman von wegen der Gemein“ erforderlich. Gemeinde und Achtmannen als Vertreter der Stadtviertel gewannen so Einfluß auf die weitere Ausgestaltung der Verfassung der Stadt. Ein Jahr später wurde das gesamte Korpus des städtischen Rechts durch die Prädikanten und Achtmannen einer theologischen Verträglichkeitsprüfung unterzogen. „Dieselbe haben alle Artikel, welche sich mit der Bibel und dem Evangelium nicht verglichen“, abgeschafft und außer Kraft gesetzt, hingegen eine neue „Ordnung, wie man fürter in peinlichen und bürgerlichen Sachen richten und handeln soll,“ aufgerichtet. Das war nicht weiter entwicklungsfähig, weil Mühlhausen in kollektiver Haftung für Thomas Müntzer vorübergehend seine Autonomie mit seinen Privilegien verloren hat.

Göttliches Recht ist indessen anderwärts durchaus zum

Parameter weltlichen Rechts gemacht worden, ohne je revoziert worden zu sein. So utopisch und irrational, wie bürgerliche Intellektuelle die Bauern gerne porträtieren, waren sie nicht, und schon gar nicht hatten sie die Reformatoren mißverstanden, jedenfalls nicht alle. In Zürich erließen Bürgermeister, Kleiner Rat und Großer Rat am 26. März 1530 ein Mandat zur Förderung „guoter, erbarer Policy und christenlichen Lebens in gmeiner unser Stadt und Landschaft"; für die redaktionellen Vorarbeiten hatten auch die Bauern von der Landschaft mit ihren Vertretern ihre Beschwerden und Forderungen hereingeschickt. Das Mandat regelte nicht nur (gut christlich) den Kirchgang und den Predigtbesuch, die Ehegerichtsbarkeit und die Feiertagsheiligung, die Entfernung der Bilder aus den Kirchen und die Verwendung der Kirchengüter für die Armen, sondern traf auch (gut polizeilich) entscheidende und dauerhafte Bestimmungen über den Besuch der Wirtshäuser, das Zutrinken, das Schuldenmachen, das Kartenspielen, die Gewichte, die Preise für Lebensmittel und die auswärtigen Krämer. Interessant für die Frage, wie das göttliche Recht operationalisierbar gemacht wurde, ist die Begründung. Das Mandat wird von den Räten erlassen „uss Verkündung des hellen, unbetrüglichen Wort Gottes", das zu „unserer Besserung" als Richtschnur (*Richtschyt*) Normen vorgibt in Form „biblischer Geschrift (one Vermischung menschlichen Guotdunkens)". Es soll „unser und der unseren ärgerliches, zerbrochen Leben" bessern und „ein fromms, erbars Wesen, ouch guot christenlich Sitten bi den unsern züchten". Das Mandat dient nicht nur der politischen Ordnung, es wird auch erlassen in der Zuversicht, es ließe sich so mit „Gnaden Gottes etwas mer Frucht" aus dem menschlichen Zusammenleben gewinnen. Das ist Gesetzgebung aus dem reinen Evangelium, nach Kriterien der göttlichen Gerechtigkeit, nach dem Göttlichen Recht, würden die Bauern gesagt haben. Man hört förmlich Huldrich Zwingli predigen, liest man die Präambel des Mandats. Die Theologie der Verchristlichung der weltlichen Ordnungen ist am Werk, das Heilswerk *in politicis* wird auf den Weg gebracht.

## 5. *Der Gewalt* der Gemeinde – kommunalistische Praxis und republikanische Theorie

*Freiheit* und *Göttliches Recht* führten in ein politisches Nirgendwo, öffneten die Wege in das Hochland der verfassungstheoretischen Spekulationen und in die weite Ebene verfassungspraktischer Versuche.

Ausdrücklich *Freiheit* fordern hieß notwendigerweise Herrschaft aufkündigen, jedenfalls in einem Kerngebiet des Bauernkriegs, dort, wo die Zwölf Artikel entstanden waren – aber nicht nur dort. Der landesherrliche Anspruch, der in Kurfürstentümern wie der Pfalz, Herzogtümern wie Württemberg, Markgrafschaften wie Baden, Hochstiften wie Augsburg, Klosterherrschaften wie St. Gallen oder Adelsherrschaften wie Waldburg geltend gemacht wurde, ließ sich offenbar nicht durchsetzen gegenüber Freien, sondern nur gegenüber Leibeigenen. Zu den Kronjuwelen des Fürsten gehören die *Gesetze*. Praktisch handelt es sich um Verwaltungsmaßnahmen mit Verbindlichkeitsanspruch, die ältere Redeweise von *Gebot und Verbot*, *Zwing und Bann* bringt das bildlicher zum Ausdruck. Theoretisch und rhetorisch wurde in den Präambeln der Gesetze, zumal den großen Kodifikationen, den Landesordnungen und Polizeiordnungen, das Gesetz als fürstlicher Willensakt inszeniert. Das Gesetz wurde zum Kernstück des frühmodernen und schließlich auch des modernen Staates, entsprechend pflichteifrig wurde es dann durch die Verfassungen (und Grundgesetze) demokratischer Staaten in die Hand des Volkes gelegt, in seine repräsentative, das Parlament. Verwaltet werden mußte überall, und material gesehen wurde immer Gleiches verfügt, wo gleiche Problemlagen bestanden. Aber die Verfügung mußte nicht notwendigerweise in Form des Gesetzes in Erscheinung treten, es gab auch die Form der *Einung*, nämlich dort, wo Gemeinden an der Ausarbeitung beteiligt waren.

Freiheit fordern, traf die Herrschaft in ihrem Kern. Doch selbstverständlich wollten die Bauern keine Anarchie, die ja auch eine Alternative zur Herrschaft gewesen wäre, sondern sie hielten eine *Obrigkeit* durchaus für erforderlich. Eilig versicherten sie denn auch in den Zwölf Artikeln, unmittelbar an die Freiheitsforderung anschließend, „nit daz wir gar frei wölen sein, kain Oberkait haben wellen, lernet unß Gott nit. Wir wollen in Geboten leben, nit in freiem fleischlichen Muotwillen". Wie diese Obrigkeit ausgestaltet werden sollte, war indessen völlig offen.

*Göttliches Recht* fordern hieß, das geltende Recht auf seine Verträglichkeit mit der Heiligen Schrift zu überprüfen. Damit war eine radikale Absage an die neuen zivilrechtlichen und strafrechtlichen Regularien einschließlich der Rechtsprechungsverfahren, die sich in den letzten Jahrzehnten entwickelt hatten, zum Ausdruck gebracht. Das Recht und die Gerechtigkeit – Wechselbegriffe für den gesunden Menschenverstand bis heute, soll das Wort Recht seinen ursprünglichen Sinn behalten – mußten an der Natur der göttlichen Schöpfungsordnung und der christlichen Nächstenliebe ausgerichtet werden. Altes Testament und Neues Testament lieferten dafür den Bezugsrahmen. Unter den Theologen der Zeit waren die Worte nicht minder prominent in der Diskussion. Die *iustitia Dei* gehörte zu den Schlüsselbegriffen der Disputationen, ihr deutsches Äquivalent, die *Gerechtigkeit Gottes* oder *göttliche Gerechtigkeit*, war ein kardinales Thema von Predigten und Flugschriften im reformatorischen Lager. Daß sich alles am *reinen Evangelium* orientieren müsse, die mehr als tausendjährige Lehrtradition der Kirche nichts sei als päpstliche Tyrannei und Gewissensterror der Romanisten, war unter Lutherfreunden und Zwinglianhängern zum Erkennungszeichen rechter Glaubensgesinnung geworden. Ähnlich wie die *christliche Freiheit* der Theologen geholfen hatte, die Kritik an der Leibeigenschaft in die Forderung nach Freiheit zu transformieren, war die Redeweise von der Gerechtigkeit Gottes dienlich, aus der Kritik am Alten Recht das Göttliche Recht hervorgehen zu lassen.

Es gibt in der Geschichte des Alten Europa kaum einen radikaleren Neuanfang als den, vor dem die Bauern im März und April 1525 standen. Jetzt mußten die beiden Diskurse – jener über Freiheit und jener über Recht – sich auf der Verfassungsebene begegnen. Ein langer theoretischer Vorlauf, auf den sich die Französische Revolution von 1789 in Form der Aufklärung beziehen konnte und die Russische Revolution von 1917 in Form des Marxismus, fehlte 1525. Folglich fehlen auch elaborierte Texte, wie sie verfassungsgebende Versammlungen nach monatelangen Beratungen vorzulegen pflegen. Das theoretisch Programmatische, das von 1525 überliefert ist, konvergiert jedoch in so hohem Maße mit dem pragmatisch Verwirklichten, daß sich daraus eine rohe Partitur der angestrebten politischen Ordnung von 1525 durchaus ergibt, auch wenn ihr die orchestrale Ausgestaltung fehlt.

Naheliegenderweise griffen die Bauern und die Bürger auf ihre lebensweltliche Erfahrung zurück und versuchten induktiv, daraus brauchbare politische Konzepte zu entwickeln. Der politische Alltag des Gemeinen Mannes vollzog sich in der *Gemeinde*, im Dorf wie in der Stadt. Hätte schon die Reformationszeit die Souveränität zu einem Problem gemacht, würde sie diese auch, freilich nicht ausschließlich, angesichts der Landesherrschaft und der kaiserlichen Herrschaft, in der Gemeinde lokalisiert haben. „Burgermaiser, Richtere und Gemaind gemainlich“ der kleinen Landstadt Blaubeuren beauftragten am 19. März 1498 zwei Vertreter, „zu Fürderung gemains Nutzns“ den Landtag in Stuttgart zu besuchen, und gaben ihnen dazu „vollen und ganzen Gewalt“. *Der Gewalt* sagte das 16. Jahrhundert, nicht *die Gewalt*. In den Dörfern und ländlichen Gemeinden war es nicht anders. Der Solothurner Rat beschloß, nachdem er seine Landschaft zu den Religionsfragen angehört hatte, in den Gemeinden, „wo das Mehr dapferlich worden“, die Bilder und Altäre wegzuräumen und die Messe abzuschaffen, die Gemeinde entschied somit nach dem Mehrheitsprinzip über die Konfession.

Im Prozeß der Siedlungskonzentration des Spätmittelalters hatten sich Städte und Dörfer gebildet, deren kommunaler Charakter im 15. Jahrhundert, namentlich auf dem Land, enorme Fortschritte machte. Die neuen Zusammenklumpungen von Menschen warfen Ordnungsprobleme auf, die teils von ihnen selbst (Nutzung der landwirtschaftlichen Kulturfläche, des Waldes, Organisation öffentlicher Einrichtungen wie Badstube, Schmiede, Backstube und Taverne, Sicherheitsgewährleistung wie Feuerpolizei), teils durch die Lokalisierung herrschaftlicher Verwaltungsaufgaben gelöst wurden. Im 15. Jahrhundert nehmen die Dorfgerichte zahlenmäßig stark zu. Allein in der kleinen Grafschaft Kempten entstanden davon 14 neu, die analog zum ehemals einzigen Hofgericht beim Kloster als Urteilergerichte organisiert und folglich in den Dörfern von Bauern besetzt wurden. Sechs Richter und einen Ammann als Vorsitzenden hatte das Dorfgericht in Martinszell, 16 Richter und einen Ammann das Dorfgericht im Kimratshofen. Die Gerichts- und Verwaltungseinheiten orientierten sich oft an den Pfarreigrenzen, so daß die Pfarrgemeinden, die nach geltendem Kirchenrecht als bloße Untertanen des Pfarrers galten, gewissermaßen von innen kommunalisiert wurden.

Alle politischen Vorstellungen, die 1525 entwickelt wurden, sind *gemeindeorientiert*. Die *Zwölf Artikel* als einflußreichste Programmschrift wollen den Pfarrer durch die Gemeinde „erwölen und kiesen“ lassen und den Zehnten nach „Erkantnus ainer ganzen Gemain“ auf Pfarrer, Arme und für Steuerzwecke verteilen. Jedermann kann Bau- und Brennholz aus den Wäldern beziehen, „doch mit Wissen derer, so von der Gemain darzuo erwelt werden“. Das organisatorische Gerüst der Gemeinde kommt hier zum Vorschein, in Form der Gemeindeversammlung und von ihr gewählter Amtsinhaber (zum Beispiel der Forstmeister). Bleibt man im Entstehungsbereich der Zwölf Artikel, empfiehlt es sich, die gleichfalls dort verabschiedete *Bundesordnung* heranzuziehen, um die Verfassungsvorstellungen kennenzulernen. Die Bundesordnung galt für eine „ersame Landtschafft dieser christenlichen Vereinigung“ und wurde „von allen Retten der Heüffen, so sich zusamen verpflicht haben“, erlassen. Jeder Haufe, so heißt es im Text, bestellt vier Räte und einen Obersten und stattet sie mit *dem Gewalt* aus. Den Oberschwaben schwebte ein dreistufiger politischer Verband vor, bestehend aus Gemeinde, Haufen und Landschaft. Sucht man reale Vorbilder, so konnte die Gemeinde an die Dörfer und Städte anknüpfen, die Landschaft an die bäuerlichen Repräsentationskörperschaften, die sich um 1500 in der Region in den einzelnen Herrschaften entwickelt hatten; die Haufen waren aus der Welt der Landsknechte und Söldner entlehnt. Die Verbindung der drei Ebenen war indessen neu und ohne Vorbild. Ämter wurden auf dem Weg der Wahl, vielleicht auch durch Kooptation vergeben, hatten jedenfalls durchgängig Repräsentationscharakter, wobei der Ursprung *des Gewalt* in der Gemeindeversammlung wurzelte.

Wie mit den Fürsten, dem Adel, den Bischöfen und Prälaten verfahren werden sollte, sagen die Texte nicht oder nur verschlüsselt. Niemand, der sich der Revolution anschloß, dachte daran, der Kirche ihre weltliche Macht zu lassen; undeutlich bleibt die Stellung des Adels. Da die *Grundherrschaft*, im Gegensatz zur Leibherrschaft, nicht prinzipiell angefochten wurde, muß man davon ausgehen, daß es noch im Denkhorizont der Bauern lag, sie unter Eigentumsgesichtspunkten zu respektieren, was freilich damit verbundene Herrschaftsrechte nicht einschließen mußte. Generell stand freilich auch diese Möglichkeit unter dem Vorbehalt, die Überprüfung mit dem Göttlichen Recht überstehen zu müssen. Wie auch immer, mit den Herrschaften wurde noch gerechnet. Jedenfalls mußten Absprachen zwischen einzelnen Bauern, Gemeinden und ehemaligen Herren von der Christlichen Vereinigung ratifiziert werden.

Die gefundenen Organisationsformen konnten die bestehenden Herrschaftsverhältnisse gewiß ersetzen. Die Bundesordnung hatte eine Landfriedensordnung eingearbeitet, war auf Dauer angelegt und wurde eidlich von allen Mitgliedern beschworen. Die vorwaltende mittelalterliche Vorstellung, Herrschaft sei eine angeborene und gottgewollte Fähigkeit des Adels, wurde substituiert – will man den Wechsel auf den Punkt bringen – durch die Überlegung, Herrschaft werde durch einen willentlichen Akt des politischen Zusammenschlusses konstituiert. Darin einen Vorläufer gesellschaftsvertraglicher Annahmen des 17. und 18. Jahrhunderts zu sehen, verbietet allein der Umstand, daß nicht klar wird, ob der Beitritt von Gemeinden oder Individuen vollzogen wurde. Beides scheint es gegeben zu haben.

Die Verfassungskonstruktion der *Christlichen Vereinigung* war 1525 weit verbreitet, ohne daß sie notwendigerweise über die Bundesordnung vermittelt sein mußte. Diese wurde zwar in mehreren Auflagen gedruckt, doch lassen die Chroniken und Akten anders als bei den Zwölf Artikeln nicht erkennen, wo und wann sie zur Verlesung gekommen sind. Den dreistufigen Aufbau zu wählen, lag wohl auch in der Natur der Sache, er läßt sich für den Schwarzwald, das Elsaß und für Franken nachweisen. Besonders im Elsaß wird deutlich, daß Dörfer und Städte den festen institutionellen Sockel der dortigen Christlichen Vereinigung (sie nennt sich *Versammlung im Namen Jesu Christi*) ausmachten. Im wöchentlichen Rhythmus schickten „ein jede Stat, Fleck und Dörfer" ein Viertel ihrer männlichen Bevölkerung ins militärische Lager nach Altdorf, so daß der Alltag seinen normalen Fortgang nehmen konnte. Die Vitalität, die ein solcher Verband freisetzen konnte, zeigt die *Christliche Vereinigung* auf dem Schwarzwald, die, geführt von Hans Müller von Bulgenbach, bald die ganze Region in der Hand hatte; am 23. Mai wurde Freiburg im Breisgau eingenommen, drei Tage später fiel mit Breisach die letzte Stadt am rechten Rheinufer. Das Jüngste Gericht, das Martin Schongauer so eindrucksvoll an die Westfront des dortigen Münsters gemalt hatte, schien für den Adel und den Klerus in der Tat gekommen.

Die Absicht, politische Verbände auf der Basis städtischer und dörflicher Gemeinden zu schaffen, läßt sich besonders in den *Stadtstaaten* beobachten, jenen meist reichsunmittelbaren oder freien Städten, die ihr Hinterland als Besitz der Bürger, der Spitäler oder der Kommune selbst eng an sich gezogen hatten. In der Schweiz heißen diese Gebiete heute noch *Landschaften*, was im 16. Jahrhundert keine geographische, sondern eine politische Bezeichnung war. Wo sich die revolutionäre Bewegung breit machen konnte, war damit oft auch eine Verfassungsrevision in der Stadt selbst verbunden, zumindest suchte man der Gemeinde gegenüber dem Rat einen größeren Einfluß zu sichern.

Kaum hatte die Unruhe Franken ergriffen, kam es in Rothenburg ob der Tauber zu einer Stadtrevolte. Fast auf den gleichen Tag hatten in den 160 Dörfern des Stadtgebiets die Bauern „aus jedem Dorf zwei zu Räten erwelt und also ainen Rat und Regiment under inen gesetzt und gemacht". In Erfurt strömten am 28. April 11 000 Bauern in die Stadt, vereinigten sich mit den Handwerkern und entwickelten, nachdem sich der erste Sturm gelegt hatte, in 28 Artikeln einen rohen Verfassungsentwurf. Das kirchliche Leben sei so zu regeln, heißt es dort, „das ein Gemein derselbigen Pfarr iren Pfarrer zu setzen und zu entsetzen habe", und wichtige politische Entscheidungen des Rates würden künftig die Zustimmung der „Gemeinde" und der „Landschaft" erfordern. Die Abgeordneten der Stadtviertel und der Handwerker als Vertreter „gantzer Gemeinde, sambt den Verordneten der gantzen Landschaft der Stadt Erffurt" entbanden die Räte von ihren Verpflichtungen gegenüber dem bisherigen Stadtherrn, dem Erzbischof von Mainz, verpflichteten sie im Gegenzug vielmehr eidlich auf die Gemeinde und Landschaft. Die Legitimation der Obrigkeit geht, sollte das heißen, von Bürgern und Bauern aus. Der Stadtstaat wurde somit gewissermaßen elliptisch konzipiert, mit der Bürgerschaft der Stadt und der Bauernschaft der Landschaft als den zwei Brennpunkten.

An vielen Orten flackerten solche Vorstellungen auf. 66 Dörfer im Hinterland von Nürnberg schlossen ein *Bündnis*, und „etlich hundert Burger und Handtwerkleut" zogen zu ihnen hinaus. In der Stadt wurden Stimmen laut, Zünfte zu schaffen, gemeint waren damit politische Vertretungskörper der Handwerker. Der Rat hielt es für nötig, Bauerngesandtschaften in die Stadt zu laden und mit ihnen zu verhandeln. Eine pragmatische Repräsentation von Zünften und ländlichen Gemeinden war in Zürich an der Tagesordnung. Zwar waren die Zürcher Landgemeinden 1489 mit ihrer Rebellion

(Waldmannhandel) und ihrer Forderung an den Rat, „hinfür kein nüwen Uffsatz niemermer ze thuonde in kein Weis noch Weg, denn mit der ganzen Landtschaft Wissen und Willen", nicht in dem Sinne erfolgreich, daß die gewünschte parlamentsähnliche Vertretung eingerichtet worden wäre, aber fallweise und in Krisenzeiten, namentlich auch in der Frühphase der Reformation, wurden die Landgemeinden dann doch immer wieder beratend herangezogen. Erst Anfang des 17. Jahrhunderts sind diese informellen Modalitäten der Repräsentation in Zürich und Bern gleichermaßen allmählich außer Gebrauch gekommen.

*Kommunal, korporativ, bündisch* kann man die erste Variante politischer Programme nennen, die besonders dort reüssieren konnten, wo kleinräumige politische Verhältnisse herrschten wie in Oberschwaben, am Oberrhein, in der Schweiz, in Franken und in Thüringen. Indessen sind bei näherem Zusehen die Abweichungen gegenüber den großen Territorien nur gradueller Art. Man hat sie bislang zu stark betont, weil eine andere Terminologie und ein anderes geschichtliches Bezugssystem die Interpretation in die Richtung gelenkt haben, darin vorparlamentarische Figuren zu sehen. Folglich hat man darin eine *landständisch* genannte Variante der Programme ausgemacht. Das ist nicht falsch, betont aber zu wenig den Umstand, daß auch dort, wo man an bestehende Landtage anschließen konnte, *der Gewalt* im Land aus den Gemeinden herauswuchs.

Das Herzogtum Württemberg kannte einen Landtag. 1525 stand das Land unter österreichischer Verwaltung, der Landesherr war wegen Bruchs des Reichslandfriedens seiner Herrschaft entsetzt worden, war aber nichtsdestoweniger im Land beliebt. Die aufständischen Ämter in Württemberg, und das schloß Städte und Dörfer ein, entwickelten für Herzog Ulrich einen Verfassungsentwurf als Bedingung, seine Rückkehr zu befördern. Vorgesehen war, das Kirchenvermögen zugunsten des Staates zu kassieren, was eine Aufhebung der Prälatenkurie einschloß. Der Herzog sollte durch ein zwölfköpfiges Regiment kontrolliert werden, das paritätisch mit vier Adeligen, vier Bürgern und „vier von Dörfern“ besetzt worden wäre. „One deren Radt und Willen“ sollte der Herzog „nit, was Land und Lytt betrifft, macht zu handlen haben“, in Wahrheit hatte er kaum eine Chance, sich gegen das Regiment durchzusetzen, denn er war ihm inkorporiert und verfügte lediglich als Zeichen seiner Vorrangstellung über zwei Stimmen. Das Regiment hätte nicht nur die laufenden politischen Geschäfte geführt, sondern auch alle wichtigen Verwaltungsposten vergeben, einschließlich der Amtmänner in den „Flecken“. Sie, das heißt die Dörfer und Städte, sollten in ihrer Autonomie in der Weise gestärkt werden, daß jeder Ort auf dem Weg der Wahl durch die Gemeinde ein eigenes Gericht und einen eigenen Rat erhielt. Der Landtag war gewissermaßen die Schaltstelle zwischen Gemeinden und Regiment. Die Gemeinden, so darf man annehmen, schickten ihre Vertreter in den Landtag; der Landtag, dessen Geschäft es ansonsten war, Gesetze und Landesordnungen zu erlassen, wählte aus den drei Ständen das Regiment.

Radikalisierend zugespitzt wurde diese modernisierte Variante einer *landständischen Verfassung* in Salzburg. Dort hatten die Aufständischen, nicht anders als in Württemberg, den Namen Landschaft okkupiert (wenn sie sich auch gelegentlich „christliche ersame Gemein dieser Provinz im Pirg Saltzburg Bistumb“ nannten) und die erzbischöfliche Verwaltung auf sich vereidigt. Die Stadt Salzburg zog einen Verfassungsentwurf aus der Tasche, der vorsah, aus dem Landtag heraus ein Regiment wählen zu lassen, das faktisch die Regierung übernommen hätte, denn der Landesfürst sollte, unbeschadet seiner Rechte als Bischof, auf Pension gesetzt, also politisch entmachtet werden. Der Landtag war ein landständischer nur mehr nominell, denn repräsentiert wurden in ihm offensichtlich nicht mehr politische Stände, sondern nur noch und ausschließlich Kommunen. „Die Burgerschaft von Stetten und Märckten, auch die Bauerschafft von Gerichten sambt den von Bergwerken“ sollte sich verbünden, „die Geistlichen und vom Adel, dieweil si allemal widerwertig und zu Unterdrukkung des gemainen Manns dem Landsfürsten bisher auf alle

Weg anhengig gewest", ausgeschlossen werden. Das mußte auch der Passepartout für die Beschickung des Landtags sein. Folglich wurden die bisher vertretenen politischen Stände Geistlichkeit, Adel, Städte (Märkte) ersetzt durch Stadtgemeinden, Marktgemeinden, Landgerichtsgemeinden und Berggerichtsgemeinden, denn auf institutionelle Versammlungsformen von Bürgern, Bauern und Knappen mußte man zurückgreifen.

Wohl versuchte der Erzbischof, ähnlich wie Erzherzog Ferdinand in Tirol, die Bewegung über die Ausschreibung eines herkömmlichen Landtags zu paralysieren, war damit aber nur bedingt erfolgreich. Die Rebellen tagten unabhängig davon und arbeiteten an einer Landesordnung, die der Gemeine Mann schon seit mehr als einem halben Jahrhundert verlangte. Die politische Brisanz drückt ein Schreiben des Erzbischofs an Erzherzog Ferdinand aus. Die Aufständischen hätten „sich ain Saltzburgische Landschaft genennt", schrieb er empört, obwohl sie von den Ständen kein entsprechendes Mandat hätten, folglich könne ein „solcher zusammengerotter Hauf kein Landtschaft bedeuten noch representiren".

Die politische Erfahrung der Salzburger Bürger, der Märkte im Land und auch der Landgerichte, die gelegentlich schon im 15. Jahrhundert auf die Landtage geladen worden waren, orientierte sich naheliegenderweise an den bestehenden Institutionen, auch dem Landtag, und suchte ihn nach den leitenden Kriterien der Revolution umzugestalten. Mehr als der Name ist, jedenfalls im Erzstift Salzburg, kaum geblieben. Der Schatzmeister des Schwäbischen Bundes, Leonhard Strauß, hat das klar erkannt und energische militärische Interventionen gefordert mit dem drohenden Hinweis, im Reich entstünde sonst „ein neus Schweizerland". Das war metaphorisch gesprochen und in der Absicht, Panik zu erzeugen und dem Schwäbischen Bund politisch und finanziell einen größeren Handlungsspielraum zu eröffnen. Strauß wollte die Radikalität herausstreichen, und das tat er zu Recht, adäquat beschrieben waren die Verfassungsvorstellungen der Salzburger dennoch nicht. Ihr Modell war in der Schweiz nirgends realisiert. Gerade der Umstand, daß man eidgenössische Verhältnisse nicht kopierte und somit keinen Realtypus für den eigenen idealtypischen Entwurf vor Augen hatte, macht das politische Programm des Bauernkriegs zu einem revolutionären.

Salzburg manövrierte offenbar an der Grenze dessen, was 1525 denkbar war. Zwar wurden überall, wo landständische Verfassungen bestanden, in den programmatischen Entwürfen Umbauten zugunsten der Bauern und Bürger vorgenommen. Selbst wo es keine landständische Verfassung gab, lassen sich gelegentlich Bestrebungen nachweisen, eine solche aus dem Nichts zu schaffen, nicht nur in der Kurpfalz, auch in Bamberg und Würzburg. Doch auch das gehört zur Wirklichkeit des Bauernkriegs, daß dem wüsten Niederbrennen von Burgen und dem Ausplündern von Klöstern die Legitimität des revolutionären Entwurfs auch fehlen konnte. Halbheiten gab es vielerorts und solche kompromittierten den Aufstand und delegitimierten die angewendete Gewalt. Bischöfe in ihrem Amt zu lassen und den Adel in den Parlamenten zu dulden war gleichermaßen bequem und inkonsequent. Es sind solche Beobachtungen, mit denen man den Bauernkrieg zur bloßen *Empörung* trivialisieren kann, wenn man die Beispiele geschickt wählt und viel Eloquenz einsetzt.

Es liegen viele Fragmente aus dem Jahr 1525 herum, mit deren Hilfe die Geschichtswissenschaft versucht hat, das politische Programm des Bauernkriegs zu rekonstruieren. Die Landesordnung Michael Gaismairs, die politischen Testamente (wenn man sie so nennen darf) von Balthasar Hubmaier und Thomas Müntzer, der Weltordnungsentwurf von Hans Hergot, sie alle haben in den letzten Jahrzehnten umfassende Würdigungen erfahren und dürfen seit Ferdinand Seibt für die Geschichte der Utopie in Europa als gewonnen gelten. Quentin Skinner und John G.A. Pocock haben sie noch nicht im Boot der politischen Theorien geborgen, wo sie wohl eher hingehörten, auch wenn sie die analytische Schärfe und intellektuelle Gefälligkeit eines Jean Bodin oder Niccolò Machiavelli vermissen lassen. Der Maßstab muß angemessen sein, und gemessen an dem, was durchschnittlich das 16. Jahrhundert an politischer Theorie zu bieten hat, dürfen die 1525er durchaus mit am Tisch sitzen. Wie weit man mit ihrer Hilfe die Programmatik des Bauernkriegs entfalten darf, hängt davon ab, wie stark die Entwürfe gesellschaftlich in der Bewegung selbst verwurzelt sind. Das ist namentlich für Balthasar Hubmaier und Hans Hergot schwer abzuschätzen.

Es gibt einen Text, der anerkanntermaßen zu den besonders brillanten aus dem Bauernkriegsjahr gehört. Es handelt sich um die anonym erschienene Flugschrift „An die versamlung gemayner Pawerschafft/so in Hochteütscher Nation/vnd vil anderer ort/mit empoͤrung vnd auffruͦr entstanden". Ihr Nürnberger Drucker, Hieronymus Höltzel, wurde deswegen ins Gefängnis geworfen und anschließend aus der Stadt gewiesen.

Die Überlegungen des Anonymus kreisen um vier Fragen. Wie sind Herrschaft und Obrigkeit legitimiert? Wann verlieren sie ihre Legitimität? Wie wird illegitime Herrschaft beseitigt? Was tritt an ihre Stelle?

Obrigkeit dient dem Schutz der Frommen und der Bestrafung der Bösen. Das war ein reformatorischer Gemeinplatz, den so auch Luther und Zwingli vertraten. Das heißt aber nicht, es müsse alles so bleiben, wie es ist, denn „ain jede Oberkait ist eingesatzt dem Land zu Besserung und nit zur Böserung". Obrigkeit legitimiert sich nicht nur dadurch, daß sie das Land beschirmt, sondern daß sie den gemeinen Nutzen fördert wie ein guter „Haushalter", ein Wort, das ein wenig umständlich aus dem lateinischen „dominus terrae" hergeleitet wird.

Herrschaft verliert ihre Legitimität, wenn sie tyrannisch entartet. Die Tyrannei stellt sich dort selbst als solche vor, wo sie die Gesetze Gottes mißachtet. „Du solt dir meine Gebot in der handt sein lassen, wie ein Winckelmeß", verlange Gott vom Inhaber eines politischen Amtes, „darnach du dich richten söllest". Huldrich Zwingli hatte vom Gesetz Gottes als der *Schnur* gesprochen, an der sich die Obrigkeit orientieren müsse, aber sie sollte „die Schnuor nit machen, sundern nur bei der Schnuor hinhauen". Gottes Gesetz als Schnur verhindert *Unruhe*, war Zwinglis Überzeugung. Unter einem so geführten Regiment „ist kain Empörung je entstanden", liest es sich in *An die Versammlung*. Konkret äußert sich Tyrannei darin, daß man eine Belastung auf die andere türmt, damit sich die Herren mästen, „die da völler seind dann die kotzende Hundt". So werden sie zu „Feindtschaffter irer aigener Landtschafft".

Ob man die Obrigkeit absetzen darf, wird ein wenig umständlich historisch hergeleitet. Die Geschichte der Antike und des Mittelalters lehre, daß oft Könige, Kaiser, auch Päpste ihres Amtes enthoben wurden, aber nicht nur sie. Vom „vermessen aigen Gewalt vom Adel", der „mit unchristlicher tyrannischen Vergwaltigung den gemainen Man teglich unverschont wider alle Billigkait tringent und zwingent", hätten sich die Eidgenossen befreit. Mit Belegen aus dem Alten Testament wird dargetan, daß es Gott gefällt, wenn Tyrannen stürzen. Die Tyrannei als Entartung nicht nur der Monarchie, sondern auch der Aristokratie zu beschreiben, war der Situation von 1525 besonders dienlich. Nach dem eigenen Kopf regieren, die Welt *bösern* statt bessern, die Hausgenossen nicht richtig versorgen, Gläubige um ihr Seelenheil bringen – das ist Tyrannei. „Wann ain gemaine Landtschaft lang Zeit irs Herren Muotwillen und Verderben verduldet", ohne jede Hoffnung auf Besserung, „so soll ein gemaine Landtschaft sich kecklich bewapnen mit dem Schwert". Schon aus Verantwortung gegenüber den kommenden Generationen, die anderenfalls fürchten müßten, für Wildfrevel nicht wie bisher geblendet, sondern gepfählt zu werden.

Was tritt an die Stelle der tyrannischen Monarchen oder Aristokraten? Der Anonymus nähert sich der Lösung mittels Analogien. „Da die Römer regierten mit Zunftmaistern und Rathe ains gemainen Regiments" wuchsen ihre Macht und ihr Ansehen. Mit dem Abfall vom *gemeinen Regiment* zog das Unheil auf und wurden aus Untertanen „eigen Leut", nicht anders als bei den Israeliten. Bei denen „wonet Got hertzlich", solange sie „ain gemain Regiment fürten", als sie davon abfielen, kamen sie in „Ellend und Jamer mit Leibaigenschafft und anderm". Die politische Gebrauchsanweisung für die *Bauernschaft*, für die der Text geschrieben zu sein vorgibt, lautet, sich wie andere Reichsstädte dem Kaiser zu unterwerfen, aber auch „on alles Mittel", *reichsunmittelbar* also. Das sollte gewiß adelige und geistliche Herrschaft ausschließen, aber gemeindliche Autonomie auf das Land hinaus weiten. „Und ob ir ietz gleich Schneider, Schuester oder Pawern zur Oberkait aufwürffen", soll man diese, wenn sie sich den Kategorien legitimer Herrschaft entsprechend geben, „halten für König und Kaiser". Doch „haltend offt Gemaindt underainander", denn nichts hält Menschen „herzlicher" zusammen.

*An die Versammlung* borgt die Argumente aus den *Zwölf Artikeln* und der *Bundesordnung* und moduliert deren Vokabular und Phraseologie gelegentlich nur. Die Legitimationsmuster der aufständischen Bauern, Freiheit und Göttliches Recht, nehmen in dem anonymen Traktat eine überwältigende Breite ein. Tyrannen sind immer solche, die Menschen zu Leibeigenen machen. Vertreibt man sie nicht, wird die Zukunft zur Hölle. Seit ihr bisher „leib aigen gewesen, so müst ir fürterhin recht servi werden", als Sklaven wird man „euch verkauffen, wie das Vich, Roß und Ochsen". Da ist er wieder, der Kälbermarkt der Leibeigenen aus dem Arsenal der Ochsenhauser Übertreibungen.

Für die Rechtsbesserung gibt es „ain groß Mittel, nemlich und eben die götliche Schrift". Göttliches Recht heißt in diesem Traktat „gotlich Juristrei". Am Alten und Neuen Testament wird erläutert, was darunter zu verstehen sei. Obrigkeit hat die Welt zu verbessern (2. Korinther 11), auf Amtsmißbrauch folgt Absetzung (1. Timotheus 5), wer Knecht ist und sich frei machen kann, soll sich befreien (1. Korinther 7), den unfruchtbaren Baum reißt man aus, folglich vertreibt man den mutwilligen Herrscher mit dem Schwert (Lukas 12,17), Kaiser und Papst sind gewählt, also kann man sie auch absetzen oder vertreiben (Markus 9). Das Göttliche Recht läßt sich, sollte das heißen, in der Tat aus der Schrift herausziehen. Die Könige des Alten Testaments und die Evangelisten des Neuen Testaments sind für den Anonymus die *göttlichen Juristen*. Mit einer abrupten Wendung gegen jede *Zwei Regimente-Lehre*, die an Martin Luther adressiert sein mußte, der eine solche vertreten hatte, argumentiert er nochmals dafür, daß das Evangelium als Heilsbotschaft und das Evangelium als Gesetz sich nicht trennen ließen. „Und ob sie immer und ewig vil sagen von zwaien Gebotten, nemlich Divina, betreffent der Seel Hail, zum andern Politica, die den gemainen Nutz betreffent. Ach Got dise Gebot mögent sich nicht von ainander schaiden, dann die Politica Gebotte siend auch divinia, die den Gemainen Nutz trewlich fördern, ist nichts anders, dann die brüderliche Liebe trewlich zueerhalten, daz der Seligkait höchste Verdienung aine ist". Das ist das Göttliche Recht der Bauern, wie es die Zwölf Artikel meinten. Das ist die Theorie zur Praxis, die Zürich im großen Polizeimandat von 1530 zur Anwendung gebracht hat.

Moses, so spornt der Anonymus die Bauern an, erbarmte „sich uber das arm Völklin under dem grossen Tyrannen Pharaon", schürte den Aufstand, „biß er sie von den Tyrannen erlöset". Und, fügt er ermunternd hinzu, es „wirt Got gewißlich euer Heerfürer sein". In der Präambel zu den Zwölf Artikeln hatte es geheißen, „ob aber Got die Bauren [...] erhören will, wer will den Willen Gotes tadlen? [...] Hat er die Kinder Israel zuo im schreiend, erhöret, und auß der Hand Pharaonis erlediget, mag er nit noch heut die Seinen erretten"?

Der Autor muß mit den Vertretern der drei oberschwäbischen Haufen im März in Memmingen in enger Beziehung gestanden haben; nirgend anderswohin paßt der Text so gut. Es spricht ein in den antiken Schriftstellern und in den Testamenten bewanderter Mann, der bei den Bauern in die politische Schule gegangen ist. Er befleißigt sich einer oberschwäbischen Sprache, aus der die Helvetismen geradezu herauswuchern. Schließlich schlägt er den Bogen von Deutschland in die Schweiz und zurück. „Wer meret Schwytz – Der herren gytz", versichert die Legende zum Titelholzschnitt der Flugschrift (Abb. 6). Die Schweiz wird zur topographischen Metapher der politischen Theorie. Die linke Bildhälfte, durch die Legende

An die versamlung gemayner Pawer-
schafft/so in Hochteütscher Nation/vnd vil ande
rer ort/mit empörung vñ auffrůr entstandē.ꝛc.
ob jr empörung billicher oder vnpillicher ge
stalt geschehe/ vnd was sie der Oberkait
schuldig oder nicht schuldig seind.ꝛc.
gegründet auß der heyligen Göt-
lichen geschrifft/von Oberlen-
dischen mitbrüdern gůtter
maynung außgangen
vnd beschriben.ꝛc.

Hie ist des Glückradts stund vnd zeyt
Gott wayßt wer der oberist bleybt.

Hie Pawrßman gůt Christen.
Hie Romanisten vnd Sophisten.

Wer meret Schwytz
Der herren gytz.

Abb. 6: Titelblatt der wahrscheinlich von Christoph Schappeler verfaßten Flugschrift „An die versamlung gemayner Pawerschafft“, Nürnberg [Hieronymus Höltzel] 1525. Holzschnitt eines unbekannten Künstlers. Exemplar der Staatsbibliothek München 4° Eur. 332 (44).

den Schweizern reserviert, besetzen Bauern, in deren Spieße der auf das Glücksrad geflochtene Papst gedreht wird. „Hier Pawrßman guͤt Christen", belehrt der Text, während die Kardinäle, Bischöfe und Ritter, also die Herrenstände, auf der rechten Seite als „Romanisten und Sophisten" denunziert werden, nichts als Juristen und ungläubige Philosophen. Die kommende Geschichte wird einprägsam ins Bild gesetzt. Niemand hindert den Mann an der Kurbel, daß er das Schicksal lenkt, auch wenn letztlich Gott über den Ausgang entscheidet. Allein Gott weiß, wer oben bleibt – „Gott wayst wer der oberist bleybt".

Gott hatte schon entschieden. Die Flugschrift erschien zwei oder drei Tage nach den Schlachten von Frankenhausen und Zabern.

## 6. Frankfurt oder Frankenhausen – eine oder zwei revolutionäre Traditionen der Deutschen?

Albrecht Dürer hatte in der Nacht vom 7. auf den 8. Juni 1525 ein gräßliches „Gesicht" (Abb. 7). Große Wasser fielen vom Himmel, „und das erst traff das Ertreich ungefer 4 Meill von mir mit einer solchen Grausamkeitt, mit einem uber grossen Raüschen und Gesprützen und ertrenkett das gantz Lant". Der Traum reißt ihn aus dem Schlaf, findet aber eine bedrohliche Fortsetzung. Es fielen andere Wasser herunter, sehr große und sehr viele, „etliche weit, etliche neher, und si kamen so hoch herab, das si im Gedancken gleich langsam filn". Wo sie auf die Erde trafen, geschah das „mit einer solchen Geschwindikeit, Wut und Braüsen, das ich also erschrack". „Mein Leichnam zitrett", bekennt Dürer, als er erwacht ist, ich kam „lang nit recht zu mir selbs", und – fügt er betend hinzu – „Got wende alle ding zum besten".

Vor einer guten Woche war Thomas Müntzer in Mühlhausen in Thüringen hingerichtet, nochmals zwei Tage davor die Stadt erobert und zehn Tage zuvor waren im nahen Frankenhausen die thüringischen Bauern niedergemacht worden. In der gleichen Woche hatte der Herzog von Lothringen mit drei Schlachten am 16., 17. und 20. Mai eine Blutspur durch das Elsaß gezogen. Fünf Tage vor dem Traum hatte die Schlacht im nahen Königshofen stattgefunden, drei Tage zuvor jene bei Ingolstadt.

Dürers Traum?

Hunderttausend tote Bauern – die Zahl lief um im Reich und war allgemein die grobe Aufsummierung dessen, was man gerüchtweise von den Schlachten gehört hatte. „Das vergoßen Bluot diß 1525 Jars, allain vom Henker zusammengeschütt", notierte der keineswegs bauernfreundliche Johannes Stumpf im Zürcher Gebiet, wäre ausreichend „alle Tyrannen [...] zu ertrenken".

Wenige Ereignisse der deutschen Geschichte haben so tiefe Spuren in der Kunst hinterlassen wie der Bauernkrieg. Barthel

Abb. 7: Albrecht Dürer, Traumgesicht 1525.
Aquarell. Kunsthistorisches Museum Wien.

Bildunterschrift [buchstabengetreue Wiedergabe]:
„Im 1525. Jor nach dem pfingstag zwischen dem Mitwoch vnd pfintzdag in der nacht im schlaff hab ich dis gesicht gesehen. Wy fill grosser wasser vom himell fillen vnd das erst traff das erthrich vngefer 4 meill fan mir mit einer solchen grausamkeitt mit einem vber grossen raüschen vnd gesprützen vnd ertrenckett das gantz lant. In solchem erschrack Ich so gar schwerlich das Ich doran erwachett. Dan dy andern wasser filen vnd dy wasser dy do filn die waren fast gros vnd der fill etliche weit etliche neher vnd sy kamen so hoch herab das sy Im gedancken gleich langsam filn. Aber do das erst wasser das das ertrich traff schir herbey kam do fill es mit einer solchen geschwindikeit wyt vnd braüsen das ich also erschrack. Do ich erwacht das mir all mein leichnam zitrett vnd lang nit recht zu mir selbs kam. Aber do ich am morgen auff stund molet Ich hy oben wy Ichs gesehen hett. Got wende alle ding zum besten,

Albrecht Dürer“

Beham hat ein besonders beliebtes Thema der Renaissance, den in der Landschaft sanft ruhenden weiblichen Akt, in einen Albtraum umgearbeitet. Die Gesichtszüge der schlafenden Frau sind schmerzlich verzerrt, mit Handschellen und Fußeisen ist sie gefesselt, die Waage (der Gerechtigkeit) liegt am

Boden, das Schwert (des Richters) schleppt ein Wolf im Maul davon. Ein Kind birgt sich weinend an der Schulter der Gefesselten, ein Lamm kauert zu ihren Füßen. „1525“ stand ursprünglich über dem Kupferstich, „Der Welt Lauf“ ist später eingraviert worden (Abb. 8). Der Schweizer Urs Graf, der die graphischen Reportagen von den europäischen Kriegsschauplätzen lieferte, zeichnet mit schwarzer und weißer Kreide, was für ihn ebenso untypisch ist wie das große Format, am Ende seines Schaffens einen *Christus in der Rast*, der besser Christus im Elend heißen sollte. Der schmerzverzerrte Christus mit Dornenkrone sitzt mit entblößtem Oberkörper auf dem Boden, dem Beobachter zugewandt. Energisch ist das Bild mit „UG“ und einem integrierten Dolch links oben signiert; spiegelnd steht in gleicher Größe rechts 152 und angeschnitten und deswegen nicht ganz gesichert eine mögliche 5 – 1525? Nicht leichter zu interpretieren ist Albrecht Dürers *Bauernkriegssäule*, montiert aus zwei Holzschnitten aus seiner „Underweysung der Messung“ von 1525. Am Sockel lagern Rinder, Schafe und Schweine, über einem Fruchtkasten, links und rechts ornamental bestückt mit einem Eier- und Käsekorb, türmt sich in Form von Kannen, Krügen und Acker- und Erntegeräten eine Säule, auf deren Spitze ein Bauer kauert, mit dem Schwert von hinten durchbohrt, in der Haltung von Christus im Elend. „Anno Domini 1525“ belehrt eine Inschrift auf dem Fruchtkasten. Überlingen schmückt den Rathaussaal mit einer Wappenscheibe, die den Sieg der Fürsten über die Bauern darstellt. Die Bundschuhfahne liegt schon am Boden, die ersten Bauern ergreifen die Flucht – „1525“ ist in das Glas eingelassen.

Die Kunst war nicht allein. Dürers Freund, Kaspar Nützel, schrieb wenige Wochen später an Herzog Albrecht von Brandenburg, „so mein ich doch, nimand, der Vernunft hat“, werde bestreiten können, „wie unfuglich, unchristenlich und gar zu ubermessig sich die Oberkeit umb der Untertanen Har [Wolle], die sie doch weidnen, fursehen, regirn und nit schinden sollen, gerissen“. Die Bestrafung „mit Entleibung, Verprennung, Nemung irer Hab und Guter, Witwen- und

Abb. 8: Barthel Beham, Der Welt Lauf. Kupferstich 1525.
Graphische Sammlung Albertina, Wien.

Weisenmachen, in das Elend verjagen" hielt er für gänzlich unangemessen und fürchtete, „das das Bluet der armen unbkumen Unschuldigen umb Rach gen Himel schreien und Gott zu einem schwerlichen Widergelten mussigen werde".

Mit der himmlischen Hilfe haben die Bauern nicht mehr gerechnet. Von Gott auserwählt zu sein, hatten ohnehin die wenigsten geglaubt, und nur solche, die sich der apokalyptischen Rhetorik von Thomas Müntzer nicht entziehen konnten. Daß die Welt nach dem Maßstab des Göttlichen Rechts gebessert werden könne, hatten ihnen die Reformatoren, namentlich Luther, gehörig ausgeredet. „Den christlichen Namen, den christlichen Namen, sage ich, den lasst stehen und macht den nicht zum Schanddeckel eurs ungedultigen, unfridlichen, unchristlichen Furnehmens, den will ich euch nicht lassen noch gönnen, sondern beide, mit Schrifften und Worten, euch abreissen noch meinem Vermügen, so lange sich eine Ader regt inn meinem Leibe". Der Gemeine Mann konnte auf den Boden der Realitäten zurückkehren, auf dem er sich ohnehin am sichersten bewegte.

Der verlorene Krieg war keineswegs auch eine politische Niederlage. Revolutionen, auch gescheiterte, sind nie folgenlos. Allerdings lastet gerade auf dem Bauernkrieg die unhaltbare und unglückliche, nichtsdestoweniger kaum ausrottbare Interpretation, durch ihn sei der Bauer entmündigt worden. Aus einem solchen, scheinbar gefestigten Interpretationsstamm können dann auch sinnlose Ableger wachsen, wie Max Webers Urteil, „politisch betrachtet war und ist der Deutsche in der Tat der spezifische *Untertan* im innerlichsten Sinn des Wortes". Deutsche Geschichte, modernisierungstheoretisch geschrieben, fußt auch auf solchen Überzeugungen. Damit aber läßt sich 1525 nicht positiv auf die Moderne beziehen, ganz im Gegensatz zu 1848. Das allerdings läßt sich korrigieren. Nochmals soll, um den allgemeinen Argumenten mit einem empirisch detaillierten Fall Plausibilität zu sichern, mit dem Beispiel Kempten argumentiert werden.

Erst als am 20. Januar 1526 Abt und Konvent des Reichsstifts Kempten und deren Untertanen den von den Zeitgenossen schon so genannten *Memminger Vertrag* rechtskräftig machten, ging im Allgäu der Bauernkrieg eigentlich zu Ende. Die militärische Niederlage ein Jahr zuvor in der Schlacht bei Leubas war nicht gleichzusetzen mit politischer Resignation.

„Güetlich und früntlich entschiden und vertragen" hatten sich die beiden Parteien, ein *rechtlicher* oder *gerichtlicher* Ausgleich war nicht nötig geworden. Die Unterhändler, sechs delegierte Vertreter des Schwäbischen Bundes, konnten in dem Bewußtsein nach Hause reiten, gute Arbeit geleistet zu haben. Der Abt und seine Untertanen – namentlich werden sie pfarreiweise genannt, soweit sie den Vertrag angenommen hatten – trennten sich, jeder mit einer originalen Ausfertigung des Vertrags im Mantelsack und mit dem feierlichen Gelöbnis für sich und ihre Nachkommen, die Bestimmungen des Vertrags einzuhalten.

Was also macht den Inhalt aus? Überraschend ist angesichts der Demütigung, die Abt und Konvent 1525 erlitten hatten, daß sie einer gütlichen Regelung zustimmten. Das läßt sich plausibel damit erklären, daß das Kloster durch den Memminger Vertrag seinen obrigkeitlichen Anspruch definitiv durchsetzte, der bisher keineswegs unbestritten war. Mit ihrem Beitritt zum Allgäuer Bund im Februar 1525 hatten die Kemptener Untertanen zum Ausdruck gebracht, daß Formen politischer Organisation auch ohne den Abt und den Konvent denkbar waren. Solche Bünde müssen keineswegs als utopisch eingestuft werden, wie der Blick nach Vorarlberg und in die Ostschweiz lehren kann. Das Appenzell als eidgenössischer Ort war eine um 1400 verselbständigte St. Galler Klostergrundherrschaft.

Insofern wertete es Abt Sebastian von Breitenstein wohl als politischen Erfolg, daß in Memmingen sein Herrschaftsanspruch bestätigt wurde, Bünde der Untertanen hingegen für alle Zukunft verboten wurden. Die Untertanen versprachen nämlich „alle in gemain und ir jeder insonder", sie wollten dem Abt, dem Konvent und ihren Nachkommen „ÿetzo und fürohin gehorsam, gerichtpar, raiß und steurbar, dienstbar und bottmessig heissen, sein und bleiben und auch alle Pundtnus, Bruderschaft und Vereinigung, so si und ander zuesamen getan haben, aller ding absteen". In den Adjektiven *gehorsam, gerichtsbar, reisbar* (wehrpflichtig), *steuerbar* und *botmäßig* chiffriert das 16. Jahrhundert jenen Sachverhalt, den Max Weber mit Blick auf den modernen Staat als Monopol legitimer Gewalt umschrieben hat. Mit dem Verbot von Bündnissen, Bruderschaften und Vereinigungen wurde jene alternative Form von Machtorganisation ausgeschlossen, die letztlich auf die Form der Republik im freistaatlichen Sinne hinauslief.

Allerdings wurde der scharf definierte Begriff von Obrigkeit im Memminger Vertrag selbst eingehegt und eingeengt, als *steuerbar* und *reisbar* eine Präzisierung fanden und die daraus für Untertanen folgenden Pflichten dem herrschaftlichen Ermessen gänzlich entzogen wurden.

Festgelegt wurde, daß künftig vom Vermögenswert, und zwar von „Hab und Gut, ligends und varends, nichtz ausgenomen", ein halbes Prozent als Steuer zu bezahlen war. Da das Kloster wegen des verbreiteten bäuerlichen Eigenbesitzes nur geringe regelmäßige Einkünfte aus der Grundherrschaft bezog, waren Steuern das Mittel der Staatsfinanzierung schlechthin. Die Staatsfinanzierung war gesichert, die Steuerhöhe aber auch petrifiziert.

Die Kriegspflicht (*reisbar*) oder, um präziser zu sein, die Pflicht zur Landesverteidigung fand entsprechend den unterschiedlichen Rechtsansprüchen, die sie begründeten, zwei Formen der Realisierung. Leistungen für Kaiser, Reich und Schwäbischen Bund waren surrogatweise als Kriegssteuern (*Reissteuer*) zu entrichten. Dabei handelte es sich um fallweise Schuldigkeiten, die naturgemäß nicht im vorhinein kalkuliert werden konnten. Untertanen und Kloster einigten sich darauf, die Steuersummen im Verhältnis drei zu eins aufzubringen. Kriegsdienste zur Verteidigung des Klosters und seines Herrschaftsgebiets hingegen hatten die Untertanen „mit iren aigen Leiben" zu erbringen, der Abt jedoch „die Liferung oder ainem jeden Underthaunen, der raisen wurd, ieden Monat zwen Guldin dafür ze geben". Zwei Gulden Monatssold war exakt die Hälfte dessen, was die Reichsmatrikel von 1521 für einen Fußsoldaten auswarf, so daß der Memminger Vertrag anschaulich die Überzeugung zum Ausdruck bringt, Abt und Untertanen seien für die Landesverteidigung gleichermaßen verantwortlich.

Was unter *gerichtsbar* zu verstehen sei, präzisiert der Vertrag nicht. Erschließen läßt sich allerdings die Absicht, fremde Gerichte (Kaiserliches Landgericht auf Leutkircher Heide, Stadtgericht der Reichsstadt Kempten) auszuschließen.

*Gehorsam* und *Botmäßigkeit* konnte der Abt von seinen Untertanen verlangen. Das hieß, die Formierung des Verhältnisses zwischen Obrigkeit und Untertanen war in sein Ermessen gestellt. Das Gesetz auszugestalten, das von den Zeitgenossen, und so auch in Kempten, *Policey* genannt wurde, lag durch den Memminger Vertrag beim Abt und seinem Konvent. An der Rechtsfortbildung, das muß der Sinn dieser Verfügung gewesen sein, sollten sich Untertanen künftig nicht beteiligen können.

Der Preis für diese *Landeshoheit* war hoch, denn faktisch zahlte ihn das Kloster mit der *Freiheit* für seine Untertanen.

*Untertanen* ist im Memminger Vertrag eine abstrahierende Sprechweise, um die zum Kloster gehörenden Menschen zu bezeichnen. Vertragspartner sind nach dem Text, wo er sich einer genaueren Terminologie befleißigt, „irer Gnaden und Gotzhus Aigenleut und freien Zinser und Zinserin auf die Restin Unser Lieben Frawen, auch Aller Heiligen, Sant Martins und Sant Niclaus altar Zinser und Zinserin und Underthaunen". *Eigenleute* (Leibeigene) befanden sich im schlechtestmöglichen Zustand, in dem ein Mensch in Deutschland um 1500 leben konnte. *Zinser* hingegen hatten einen höheren Status, gleichgültig, ob sie ihren jährlichen Zins auf den Marienaltar, den Allerheiligenaltar, den Martinsaltar oder den Nikolausaltar legten.

Gegenüber den *Eigenleuten* macht das Kloster geltend, „daß ain Herr von Kempten des oder der abgangen Eigenleut verlassen Hab und Güetter mitgeerbt und geteilt". Viele Eintragungen im Leibeigenschaftsrodel bestätigen diesen Sachverhalt. Darauf mußte das Kloster gegen eine einmalige Entschädigung von rund 1,5% des Vermögens des oder der Leibeigenen verzichten. Für das Kloster war das ein gravierender Verlust an Einkommen, für die Eigenleute ein merklicher Gewinn, auch hinsichtlich der Stabilität der Besitzverhältnisse. Denn neben der Fahrhabe konnte jetzt bäuerlicher Eigenbesitz in Form von Liegenschaften vom Kloster nicht mehr hälftig eingezogen werden, vielmehr mußte die Hinterlassenschaft ungeschmälert an die Erben übergehen.

Die Zinser, die wegen offenbar ähnlicher Verpflichtungen gegenüber dem Kloster jetzt unterschiedslos unter dem Namen *Freizinser* zusammengefaßt wurden, entrichteten über ihre Erben im Todesfall für das bisher geschuldete Hauptrecht (das beste Stück Vieh im Stall) den um 25% ermäßigten Gegenwert in Geld, für den Häßfall (das beste Gewand) einen Geldbetrag in der Höhe einer vierfachen Jahressteuer beziehungsweise einer zweiprozentigen Vermögenssteuer. Zinserinnen hingegen entrichteten allein den Häßfall.

Die kollektive Bezeichnung Untertanen konnte jetzt zurecht die ältere ständische Differenzierung verdrängen, weil Freizinser und Eigenleute erbrechtlich in der Tat weitestgehend gleichgestellt wurden. Hauptrecht und Häßfall hatten nämlich jetzt alle Männer zu entrichten, Freizinser *und* Eigenleute unterschiedslos, den Häßfall Freizinserinnen *und* Eigenfrauen.

Man muß die Kürzungen der Anteile des Klosters an den Verlassenschaften seiner Untertanen, namentlich der Eigenleute, rigoros nennen und die damit erzielte Besserstellung der Bauern einen merklichen Schritt in die Freiheit, weil der Ertrag der Arbeit jetzt über den personalen Status geschützt war und an die Erben nahezu unvermindert weitergegeben werden konnte. Jetzt konnte Eigentum in ganz anderer Weise gebildet werden als bisher. Die verbliebenen Abgaben im Todesfall waren faktisch Erbschaftssteuern, die sich auch technisch von solchen kaum mehr unterschieden, wurden sie doch in der Tat anteilmäßig vom Vermögen erhoben.

Zu den definitorischen Merkmalen von Eigenleuten gehörte, folgt man den Argumenten des Abtes und wirft man nochmals einen Blick in den Leibeigenschaftsrodel, deren beschränkte Heiratsfähigkeit. Durch den Memminger Vertrag wurde die Ehe zwischen Eigenleuten und Freizinsern freigegeben (und der Rechtsstatus der Kinder über die Mutter vererbt). Ehen zwischen Eigenleuten (beziehungsweise den ihnen jetzt gleichgestellten Freizinsern) einerseits und Freien oder Eigenleuten fremder Herren andererseits setzten eine urkundliche Verschreibung zugunsten des Klosters voraus. Das erforderte bei Eigenleuten den vorgängigen Freikauf von ihrer Herrschaft oder einen Tausch von Personen, „Wechßel" genannt. Nur am Rande sei hinzugefügt, daß der *Wechsel* von Kempten mit den benachbarten Herrschaften bald als Normalfall praktiziert wurde, womit die freie Heirat gewährleistet war.

Den Heiratsmöglichkeiten korrespondierte eine größere Freizügigkeit. Eigenleuten und Freizinsern wurde gleichermaßen generell zugestanden, daß sie „iren freien Zug haben und in Stett, Märckt, Dörfer oder auf daz Land ziehen söllen und mugen, wie und wahin sie wöllen". Voraussetzung war lediglich, daß vom mitgenommenen Vermögen ein zehnprozentiger Abzug entrichtet wurde. Das war vornehmlich für die Eigenleute eine spürbare Erleichterung, die bislang in vergleichbaren Fällen ein Drittel ihres Vermögens hatten zurücklassen müssen. Freizinser wurden mit dem Wegzug frei, was ihnen urkundlich mit einem Freibrief bestätigt wurde, Eigenleute mußten sich mit dem Abt vergleichen, wollten sie definitiv aus der Eigenschaft entlassen werden. Das minderte allerdings ihre Bewegungsfreiheit prinzipiell nicht.

Zwar hingen als Schatten der Vergangenheit an den Untertanen des Stifts noch die Namen Eigenleute und Freizinser, die Begriffe selbst jedoch waren gänzlich entleert. Sie hätten ohne alle Folgen auch durch die Bezeichnung Freie ersetzt werden oder ganz wegfallen können, was später auch erfolgt ist. Erbschaftssteuern waren faktisch das einzige, was Kempten von seiner ehemaligen Macht über Personen geblieben war. Dem Reichsstift Kempten, seinem Abt und Konvent untertan zu sein, war eine Beziehung von Befehl und Gehorsam, mithin eine solche staatsbürgerlicher Natur. Dies um so mehr, als die rechtliche Verschmelzung von Eigenleuten und Freizinsern homogenisierend und egalisierend gewirkt hatte.

Mit dem Memminger Vertrag besaß das Reichsstift Kempten – das ist als Ergebnis herauszuheben – eine *Verfassung*. Sie garantierte einerseits den Personen als Freien und ihrem Vermögen als Eigentum einen dauerhaften Rechtsschutz, entzog damit beide Bereiche der älteren herrschaftlichen Willkür. Sie sicherte andererseits der Herrschaft ihren obrigkeitlichen Charakter in der Ausgestaltung der Politik, die sich schließlich in den großen Gesetzeskodifikationen niederschlagen sollte, beschränkte sie aber auch strikt auf diesen Bereich. Herrschaft auf Vertrag darf und muß man das nennen, weil, ganz im Gegensatz zu den fiktionalen Konstruktionen der Staatstheoretiker des 17. und 18. Jahrhunderts, namentlich dingfest zu machende Personen ihn eingingen und ihn mit jenem hohen Pathos bekräftigten, den die Zeit durch den Eid ausdrückte.

Der Memminger Vertrag wurde so ausführlich vorgestellt, weil er, setzt man ihn in Beziehung zum Leibeigenschaftsrodel vom Januar 1525, die Tiefe und Komplexität der Veränderungen zu Beginn der Neuzeit erkennen läßt, die hier hilfsweise mit *privat* und *öffentlich* rechtsterminologisch abgebildet wurden. Kempten ist kein Solitär.

Das Reich als Ganzes war 1525 nahe daran, *Bürgerrechte* zu formulieren. Als die Räte Straßburgs und des Markgrafen von Baden als Schiedsrichter in der Ortenau zwischen Bauern und Herren vermittelten, operierten sie noch mit der Möglichkeit, daß „im Heiligen Reich von christlichen Oberkeiten gemeinlich ein freier Zug geordnet und die Leibeigenschaft gar abgetan würd". So unbegründet war die Annahme nicht, wie die Speyerer Reichstagsverhandlungen von 1526 zeigen sollten, obschon es zu einer reichsweiten Lösung nicht gekommen ist. Regional kam es nach den nämlichen Modalitäten wie in Kempten durchaus zu Regelungen, die man als qualitativen Sprung in der Geschichte von Freiheit und Eigentum bezeichnen kann. Wo am Oberrhein *gütliche* Vereinbarungen im rechtlichen Sinn getroffen wurden, wie in der Markgrafschaft Baden und in der Grafschaft Ortenau, hat man nicht nominell, aber faktisch die Leibeigenschaft kassiert, jedenfalls wurde die Person mit festen Rechten ausgestattet. „Alles das, so der Libeigenschaft anhangen mag, namlich Todfäl und Ungnossame, ausgeschlossen den freien Zug", wurde in Baden aufgehoben, so daß alle „wo und mit wem sie wellen, weiben und mannen mögen". „Item", lautete die Variante für die Ortenauer, „dieweil die Ee nach göttlicher Ordnung frei sein soll, das hinfür meniglich zu weiben und zu mannen, mit wem er will, erlaubt sei". Die gleiche Überzeugung hatten die Eidgenossen wenige Monate zuvor in den Abschied ihrer Tagsatzung in Luzern geschrieben.

In beiden Fällen wurden auch die erbrechtlichen Konsequenzen gemildert. „Todfäll, so man von abgestorbenen Liben gibt oder geben hat [...] sollen hin, tot und ab sin", galt für Baden, für die Ortenau wurden sie gleichfalls gestrichen und, soweit sie vom Gut und nicht vom Leib gegeben wurden, in eine einprozentige Abgabe vom hinterlassenen Vermögen bagatellisiert.

Arm in Arm mit dieser pragmatisch starken, wiewohl begrifflich retardierenden Freiheit stabilisiert sich so die Rechtsform der Güter. Wenn vom Arbeitsertrag über die herkömmlichen jährlichen Abgaben hinaus nichts und im Todesfall nichts mehr aufgrund des Rechtstitels *Herrschaft* (einen anderen Rechtsgrund konnte es nicht geben) beansprucht werden konnte, und faktisch Erbrecht galt, dann war die Grenze zum Eigentum verschliffen. Tirol kodifizierte diese Vorstellung in der Landesordnung von 1525, indem sie dem Bauern nicht nur einräumte, den Hof nach Belieben an seine Kinder zu übertragen (Realteilung), sondern auch, ihn zu verkaufen. Da die Güter in Tirol überwiegend dem Landesherrn gehörten, folglich aus ihnen die Staatsaufgaben finanziert wurden, lassen sich die Abgaben auch (um in eine moderne Terminologie zu wechseln) als Steuern verstehen. Für deren Höhe wurden Billigkeitskriterien erarbeitet, die über gerichtliche Verfahren gesichert wurden. Jeder Bauer konnte um eine Ertragsprüfung in seiner Gemeinde einkommen, und es war des Richters „und etlicher unverwonnter ehrbarer Mann", also nicht zur Verwandtschaft gehörender Leute, Pflicht, für das laufende Jahr oder generell die Belastung des Hofes festzulegen. Mißfiel das dem „Gruntherren" oder „Bauman", stand der Weg der Appellation offen. Wo liegt der Unterschied zur heutigen Einkommenssteuer?

Es geht nicht darum, die beschriebenen Verträge und Landrechte zu einer minderen und früheren Form der Menschen- und Bürgerrechte im Sinne der *Déclaration* vom 26. August 1789 in Frankreich hinaufzuinterpretieren, dennoch sind sie so weit davon nicht entfernt, wie die gängige Rede Glauben machen will, vor dem 18. Jahrhundert habe es nur *korporative Freiheiten*, aber keine *persönliche Freiheit* gegeben. Auch der Begriff Grundherrschaft, der zusammen mit seinem heute minder attraktiven marxistischen Bruder Feudalismus geradezu als Markenzeichen des Alten Europa dient, trägt weniger, als Aufklärer meinten und hofften. Die Praxis der Gütervergabe, die durch Herkommen auch Recht werden konnte, streifte die Qualität des Eigentums, was die Verfügungsfreiheit anbelangt. Die Bauernbefreiung des 19. Jahrhunderts war am wenigsten gewollt von denen, für die sie wortreich inszeniert wurde. Wirtschaftlich blieb sie, wie sich gezeigt hat, folgenlos. Wo die Abgaben für die Höfe fielen, stiegen die Steuern für den Staat – für jeden bäuerlichen Betrieb ein Nullsummenspiel.

Das Wechselgeschäft zwischen den Herren und dem Gemeinen Mann bestand darin, daß staatsbürgerliche Ansprüche gegen landesherrliche Ansprüche getauscht wurden.

Winfried Schulze und Renate Blickle haben für die Zeit vom 16. bis 18. Jahrhundert bislang unbekannte Quellen zutage gefördert – der eine auf der rechtstheoretischen, die andere auf der gerichtlichen und administrativen Ebene –, die belegen, daß immer weniger derjenige die Freiheit nachweisen mußte, der sie für sich behauptete, sondern derjenige sie widerlegen, der sie bestritt (*praesumptio pro libertate*). Dem Sohn den Hof nicht zu übergeben, wurde auch dort, wo nominell das Erbrecht nicht bestand, schon deswegen mehr und mehr ungebräuchlich, weil andernfalls dem Hof wichtige Betriebsmittel entzogen worden wären. Wo der gesamte Viehbesatz und das landwirtschaftliche Gerät (Pflüge, Eggen, Wagen – alles wegen des Eisens teures Geschirr) von den erbberechtigten Kindern vom Hof genommen wurde, war der Einstand für den Nachfolger nicht eben einfach.

Es war vergleichsweise anstrengend für die Modernisierer des 18. Jahrhunderts, jene Höhlen des finsteren Mittelalters noch zu finden, die sie dann dankenswerterweise ausgeleuchtet haben. Zweifellos hat es auch sie gegeben, derselbe Zustand herrschte keineswegs flächendeckend in ganz Deutschland, und selbst er war dem Gezeitenwechsel geschichtlicher Veränderungen unterworfen. Selbstverständlich konnte die Leibeigenschaft versuchsweise dort reaktiviert werden, wo sie nicht förmlich aufgehoben wurde; damit holte sich die Herrschaft aber einen Verfassungskonflikt an den Hof.

Die landesherrlichen Ansprüche wurden definitiv dadurch legitimiert, daß *Bünde* und *Vereinigungen* als Formen konkurrierender politischer Vergesellschaftung zur Adelsherrschaft (*kirchliche Herrschaft* ist das nämliche) verboten wurden. Der dritte Weg neben Reich und Territorialstaat wurde vermauert.

Das in Oberitalien im 12. Jahrhundert begonnene Dominospiel mit dem Baustein Republik (Freistaat), woran die Toskana und Mittelitalien, Südfrankreich und Spanien, die Pyrenäen und die Alpen angebaut hatten, wurde wegen Übermüdung der Mitspieler abgebrochen. Schach, das königliche Spiel, trat an seine Stelle, und *Schach gesagt* wurde dem Bauern. Als Instrumentarium diente zunächst die Kriminalisierung von Vereinigungen. Damit hatte man schon in der zweiten Hälfte des 15. Jahrhunderts begonnen, als es galt, Rechts- und Strafmittel gegen die Aufstände des *Bundschuhs* am Oberrhein und des *Armen Konrads* in Württemberg und Baden 1514 zu finden. Der Tübinger Vertrag von 1514, ein gerühmtes Dokument in der Vorgeschichte der Menschen- und Freiheitsrechte, benötigt ein Drittel des Textes für eine *Empörerordnung*. „Ob sich begebe fürohin, das jemands, wer der were, ainich Ufflöf und Embörung machen oder fürnemen würde wider die Herschaft, irer fürstlichen Gnaden Rät, Amptleut, Diener, Prelaten, Gaistlichait, Burgermaister, Gericht, Rat oder sunst wider die Ehrbarkait [...], der soll sein Leib und Leben verwirckt haben und ime daruf sein verschulte Straf ufgelegt und an im vollstreckt werden, es si mit Viertailen, Radbrechen, Ertrencken, Enthoutpen, mit dem Strick richten, die Hend abhowen und derglichen". *Empörung* war im Verständnis des Tübinger Vertrags und aller ähnlichen Texte, kurz gesagt, Hochverrat oder beabsichtigter Verfassungsumsturz. Technisch lag das Problem darin, die Anfänge einer Empörung festzulegen. Jedermann war gehalten, nicht nur offenkundige Zusammenrottungen, sondern auch Gerüchte über solche den Amtleuten mitzuteilen. Ergab die Untersuchung, daß die Anzeige berechtigt war, wurde das Haus, in dem die Versammlung stattgefunden hatte, gewüstet und verbrannt, der Mann gestraft und dessen Frau und Kinder des Landes verwiesen. „Verpundnussen" einzugehen, verbot hinkünftig der Huldigungseid ausdrücklich.

Dank geschickter rhetorischer Operationen Waldburgs war aus der Empörung von 1524 ein Landfriedensbruch geworden. Der nachfolgende Krieg mußte diesen Eindruck befestigen. Der Augsburger Reichstag von 1525 beeilte sich, daraus ein Reichsgesetz zu machen. Es „sollen alle Churfürsten, Fürsten und Stände mittlerzeit in ihren Fürstenthumen, Oberkeiten und Gebiete, aufs stärckst bei guter Rüstung, Versehen und Verwahrung halten, ob sich einige Empörung, Aufstand und Ungehorsam von den Untertanen gegen ihren Oberkeiten erregen und zutragen wolt, damit sie, und ein jeglicher derselben förderlich im Anfang, ohn Weiterung und Versammlung der Ungehorsamen stattlichen Widerstand und Gegenwehr thun und gebrauchen mögen, auch sich sonst in ander Weg dem Käyserlichen und des Reichs Land-Frieden gleichmäßig gehalten und erzeigen". Der folgende Reichstag von 1526 faßte diesen Passus noch etwas genauer und schärfer.

Die Strategie der Kriminalisierung von Einungen, Vereinigungen, Bünden und Bündnissen hatte die Gefahr der Republikanisierung des Reiches erfolgreich von zwei Seiten in die Zange genommen, Empörung war Hochverrat und Landfriedensbruch.

Jetzt mußten nur noch Maßnahmen ausgearbeitet werden, um den Tatbestand der Empörung in einem möglichst frühen Stadium abholen zu können. Praktisch waren das Versammlungen, in denen etwas anderes verhandelt wurde als die Frage, wie die Gemeindekasse zu versaufen sei, also wo politisch geredet wurde. Schon 1525 sah der Bürgermeister von Zwickau als Frucht aufgehen, was nach seiner Ansicht Luther mit seinen Bauernkriegsschriften gesät hatte. Das Amt der Obrigkeit zu vergotten hieß für ihn, Duckmäuserei züchten. „Wer will nuhn aus den Steten und Dorfern der Gemein ir Nottdorft anzeigen und antragen". Wer das wagt, „wirt vor ein Ufrurischer geacht werden, wirt iderman aus Forcht der Tyrannen schweigen mussen". Die Befürchtung erlangte Rechtskraft, und zwar an renommierter Stelle durch Artikel 127 der Constitutio Criminalis Carolina von 1532 (Reichsstrafrecht). Wer „fürsetzliche und boßhafftige Auffruren des gemeinen Volks wider die Oberkeit macht", wird nach einem ordentlich stattgehabten Verfahren hingerichtet oder des Landes verwiesen. Der Vorgänger Karls V. im Amt, Maximilian, war in seiner Kriminalordnung für Tirol von 1499 noch ohne einen solchen Passus ausgekommen. Die Länder schufen flugs die Ausführungen zu derartigen reichsrechtlichen Rahmenrichtlinien. Vorbildlich und von großer Detailliertheit sind die „Ordnung zu verhüeten künftige Empörung" von 1525 in Tirol und ihre am 26. November 1526 geklonte Schwester für das Erzstift Salzburg. Gemeindeversammlungen wurden überwacht, die Wirtshäuser früh geschlossen, die Beherbergung von Fremden verboten und die Landgerichte administrativ in kleinere Einheiten unterteilt und mit reichlich Polizei ausgerüstet. Gemeindeversammlungen ließen sich dennoch nicht verbieten, anders hätte die Verwaltung und Rechtspflege nicht aufrechterhalten werden können. Kommunalismus ohne republikanische Weiterungen mußte geduldet werden.

Daraus und aus den Grundrechten erwuchsen Folgen hinsichtlich der politischen Repräsentation. Die Bauern und Bürger blieben in den Landtagen und Landschaften, in Tirol, Vorarlberg, Schwäbisch-Österreich, Vorderösterreich, Württemberg, Baden – alles Kerngebiete des Bauernkriegs – oder sie sicherten sich erst dauerhaft ihre Repräsentation wie in den kleinen Kloster- und Adelsherrschaften Kempten, Ochsenhausen, Trauchburg und anderswo. Das Gerüst dieser Repräsentation bildeten einerseits die politischen Rechte, die in den Gemeinden residierten, andererseits die grundrechtsähnlichen Festlegungen, wie sie schiedlich etwa im Memminger Vertrag ausgehandelt worden waren. Deren Bestimmungen veränderten Verhältnissen anzupassen forderte immer wieder einen breiten Konsens, beispielsweise bei Steuererhöhungen, als ob die mittelalterliche Rechtsfigur des *quod omnes tangit ab omnibus approbari debet* (was alle betrifft, muß von allen gebilligt werden) nie aus der Mode kommen wollte; anderenfalls wurde prozessiert, in Wien vor dem Reichshofrat oder in Speyer und Wetzlar vor dem Reichskammergericht, bis zum Ende des Alten Reiches und mit nicht geringem Erfolg. So schlimm, wie der Bürgermeister von Zwickau fürchtete, ist es dann doch nicht gekommen. Selbst ein Hauch von Parlamentarismus wehte durch den deutschen Territorialstaat. Das jedenfalls meinten kritische und distanzierte Beobachter der deutschen Geschichte nach 1945 – Richard Löwenthal in Berlin, Francis L. Carsten in London oder Dietrich Gerhard in St. Louis.

Als die Geschichte zur Wissenschaft wurde, hatte der Bauernkrieg nicht den besten Start, obwohl er als Ereignis verdichteter Zeit nie übersehen wurde. Zentenarfeiern hat es schon 1625 und 1725 gegeben, darüber weiß man bis heute wenig. Peter Harers Chronik von 1525 erschien 1625 erstmals gedruckt, in Weißenau ließ man 1725 die Chronik des Abtes Jacob Murer neu malen. Welche Stellung der Bauernkrieg im nationalen Bewußtsein der Deutschen haben sollte, bestimmte für das gebildete, lesende Bürgertum für das 19. Jahrhundert und weit darüber hinaus Leopold Ranke mit seiner Reformationsgeschichte 1839. Lediglich was am Bauernkrieg nationalstaatlich interpretiert werden konnte, hat ihm Respekt abgenötigt. Im Heilbronner Programm einer *Reichsreform* sah er „Ideen einer Umwälzung von Grund aus, wie sie erst in der Französischen Revolution wieder zum Vorschein kommen sollten". Soweit von ihm religiöse Gründe für den Bauernkrieg namhaft gemacht wurden, lag die Verantwortung für seinen Ausbruch bei den Altgläubigen (Katholiken), für seine Radikalisierung bei den Schwärmern (Müntzer). Wären der Bauernkrieg insgesamt und selbsternannte Führer wie Thomas Müntzer erfolgreich gewesen, „so würde alle ruhige Entwicklung nach den dem Geschlechte der Menschen nun einmal vorgeschriebenen Gesetzen am Ende gewesen sein". Das ist die Modulation von Martin Luthers Urteil in die Wissenschaftssprache des 19. Jahrhunderts.

Eine liberale Tradition hat bereits ein Jahr später Wilhelm Zimmermann begründet. Das schon aufgrund des umfassenden Wissens beeindruckende Buch, nicht anders als das Rankes, sucht den Anschluß an die späteren europäischen Revolutionen zu gewinnen. Deswegen rühmen die letzten Zeilen als bleibendes Verdienst der Aufständischen die Zerstörung der Burgen und Klöster. „Aus den ersteren wurde das Volk nicht mehr geplackt, aus den letzeren nicht mehr zu jenem hin verdummt". 1848 stand vor der Tür, war aber von Zimmermann selbstverständlich nicht vorauszusehen. Die Impulse, die von diesem Buch ausgingen, waren stark. Fürst Konstantin von Waldburg-Zeil, den die süddeutsche Presse wegen seiner Solidarisierung mit der Linken in der Frankfurter Paulskirche mit der Bemerkung frotzelte, „auf dem Kreuz der Waldburger Kapelle steckt eine Jacobinermütze", konnte mit dem Wissen um den Bauernkrieg in Württemberg Politik machen. Als ihm Stuttgart wegen seiner Beteiligung an der Revolution von 1848 den Hochverratsprozeß machte, beeindruckte er die Geschworenen mit der Bemerkung, „wo jener", er meinte damit seinen Ahnen, den Bauernjörg, „Blut säete und mit Leichen die Gegend bedeckte [...], da wählten nach 300 Jahren die Enkel jener erschlagenen Bauern einen Nachkommen jenes Truchseßen zum Vertreter ihrer Interessen".

Zeitgleich mit und aus der liberalen Tradition wurde auch eine extrem linke begründet, indem Friedrich Engels, ganz gestützt auf Zimmermann, den Bauernkrieg marxistisch ausmünzte. Unter seiner Feder wurde er zum Klassenkampf der Bauern und Plebejer unter der Führung von Thomas Müntzer. Sein politisches Programm streife den *Kommunismus*, sein religionsphilosophisches den *Atheismus*, es sei „die geniale Antizipation der Emanzipationsbedingungen der kaum sich entwickelnden proletarischen Elemente". In der deutschen Arbeiterschaft ist das Buch schon im 19. Jahrhundert viel gelesen worden und strahlte aus in das 20. Jahrhundert; daran hat dann in den 1950er Jahren die Deutsche Demokratische Republik und besonders die SED angeknüpft. Dreißig Jahre lang wurde von Stralsund bis Plauen das *sozialistische Bewußtsein* von Schülern, Soldaten, Arbeitern und Bauern an Müntzer, den Bauernführern und den aufständischen Massen geschult. Was bei der Konstituierung des Konzepts der *frühbürgerlichen Revolution* um 1960 noch eine elliptische und damit bipolare Struktur hatte, nämlich in den beiden Brennpunkten Bauernkrieg und Reformation, wurde zunehmend vereinheitlicht und vereinseitigt. Die Reformation wurde in den Klassenkampf integriert, sie wurde auf die revolutionäre

Tradition der deutschen Geschichte umgebucht, und so beerbte die DDR selbst Martin Luther. Der 1989 einsetzende Ikonoklasmus hat die zahllosen nach Müntzer benannten Schulen, Landwirtschaftlichen Produktionsgenossenschaften, Kombinate und andere Gedenkstätten rasch verschwinden lassen, lediglich das eine oder andere Gasthaus im Harz oder am Kyffhäuser ist, zur Erholung des Wandersmanns und dank der zivilen Preise auch zu seiner Freude, übriggeblieben. Was davon in den Köpfen der Menschen in den neuen Bundesländern geblieben ist, bleibt unklar.

Die von Engels ausgehende Traditionslinie kann auf eine hundertjährige, freilich jetzt ganz abgebrochene Kontinuität blicken. Auch die liberale Interpretation von Wilhelm Zimmermann, die mit geschätzten 300 000 Exemplaren vermutlich am meisten verkaufte Darstellung des Bauernkriegs, hat über 100 Jahre ihre Faszination nicht verloren, obschon sie im Bürgertum keineswegs so prägend und interpretationsleitend wurde wie die Leopold Rankes. Erst durch Günther Franz' magistrale und über die Beschwerden der Bauern ungemein spannend geschriebene Darstellung wurde Zimmermann abgelöst. Das Erscheinungsjahr 1933 hat schon genügt, es entsprechend zu kontextualisieren; doch schon 1926, als Dreiundzwanzigjähriger, hatte Franz in der Einleitung einer Quellenedition zur Vierhundertjahrfeier die später ausführlich belegten Thesen vertreten. Der Bauer suchte „Anteil zu gewinnen an dem politischen Leben der Nation", nach dem Scheitern „wurde er für drei weitere lange Jahrhunderte zurückgeschleudert in Knechtschaft und Unterdrückung". Nach 1945 war Franzens *Bauernkrieg* das unbestrittene Handbuch, über das man sich mit dem Ereignis vertraut machte. *Bauern* einschließlich *Volk* verschwanden allerdings aus der Geschichte, so daß man ihm eine bewußtseinsstiftende Funktion wohl absprechen muß.

Weg vom Volk, weg von den Bauern, weg vom Krieg ging es erst seit den 1960er Jahren. Die Deutschen waren damit beschäftigt, parlamentarische Traditionen zu suchen. Dem verdankt man auch die Tatsache, daß heute fast jedes Bundesland seine aus dem Mittelalter herauswachsende Landtagsgeschichte hat (die neuen Bundesländer holen mächtig auf). Der Bauernkrieg hat davon profitiert, daß Horst Buszello die These plazierte, ein Teil der Bauern hätte in die Landtage gewollt. Seitdem sich das herumgesprochen hat, ist bei Landtagsjubiläen in der Regel auch der Bauernkrieg zu Gast. Er wird dort um so lieber gesehen, als die Bauern den Landesfürsten (und damit den Ländern) doch nicht so gram waren, wie man lange meinte. Die Landesgeschichte, namentlich einer ihrer herausragenden Vertreter in den letzten Jahrzehnten, Rudolf Endres, hat gezeigt, daß die Wut der Bauern mehr den Prälaten und dem Adel galt als den Fürsten. Der sanfte Materialismus der aufgehenden Geschichtswissenschaft Frankreichs hat schließlich dazu beigetragen, den Bauernkrieg ökonomisch zu interpretieren, ein aufwendiges Verfahren, dem man sich bislang schon wegen der damit verbundenen Mühsal entzog. David Warren Sabean ist es gelungen, daraus eine schließlich generalisierte und gelegentlich auch kopierte große These zu machen. Bauernkriege sind für ihn nach außen gestülpte Konflikte um die angemessene Verteilung der vorhandenen Ressourcen im Dorf.

Stark geprägt, so erkennt man aus der Retrospektive, hat das historische Bewußtsein der Gegenwart die Auseinandersetzung mit dem Bauernkrieg als Revolution seit den 1970er Jahren. Ungeachtet des begünstigenden internationalen Klimas verlangte die politische Diskussion um *zivilen Ungehorsam* und *Widerstand* (Notstandsgesetze, Atomkraft, Nachrüstung) nach Vergleichsstücken aus der Geschichte. Schon früh votierten Fakultäten, unpolitisch, wie sie sind, und allein am wissenschaftlichen Fortschritt interessiert, einstimmig für das Thema Bauernkrieg als Habilitationsvortrag. Unten im Stadttheater lief Dieter Fortes „Martin Luther & Thomas Müntzer oder Die Einführung der Buchhaltung“. Wenige Jahre später wurde in der Nachbarstadt „Das Sauspiel“ von Martin Walser gegeben, irgendwo stellte hap Grieshaber seine Holzschnitte zum Bauernkrieg aus, und der junge Wolfgang Jaehrling entwarf das Frontispiz für Einladungen zu wissenschaftlichen

Abb. 9: Wolfgang Jaehrling, Deutsche Untertanen. Ein Widerspruch, 1979. Federzeichnung Privatbesitz.

Tagungen (Abb. 9). Nach mehr als einer Dekade saßen 1975 erstmals wieder Historiker aus Deutschland-Ost und Deutschland-West an einem Tisch, die Journalisten der führenden Zeitungen und der kritischen Rundfunkanstalten daneben. Sturzbächen gleich ergossen sich die Aufsatzmanuskripte zum Bauernkrieg in die Redaktionsstuben der Fachzeitschriften, knapp 500 Titel waren es in kaum mehr als einem Jahr. Der Bauernkrieg rückte zum Spezialgebiet bei den Staatsexamen an deutschen Universitäten auf.

Emotionale Intelligenz war in Westdeutschland und Ostdeutschland am Werk, mit welcher Prägung für das politische Bewußtsein derjenigen, die heute die Entscheidungen fällen, ist ganz unklar. Immerhin hat 1525 gegenüber 1848 deutlich aufgeholt, obwohl es in den geschichtstheoretischen Debatten starke Strömungen gab, angesichts der politischen und intellektuellen Westintegration der Bundesrepublik Deutschland auch die deutsche Geschichte 1789 oder 1848 beginnen zu lassen. Daß die Wissenschaft eine bürgerliche, aber keine bäuerliche Veranstaltung war und ist, kam begünstigend hinzu.

Die zeitliche Nähe zur Gegenwart wird der Revolution von 1848 immer größere Aufmerksamkeit sichern als der Revolution von 1525. Immerhin gehört der Bauernkrieg heute unter die Daten, über die man sich seiner eigenen Identität vergewissert, nicht in der Schweiz, aber in Deutschland. Das wird so bleiben, zumindest auf einer metaphorischen Ebene, solange Frankenhausen seine Ausstrahlung behält, und sie wächst von Besuch zu Besuch. Selbst die wildesten Bilderstürmer haben Frankenhausen nicht in die Debatte um den Palast der Republik in Berlin mit einbezogen. Das liegt vermutlich weniger daran, daß in Frankenhausen nicht Asbest am Bau verwendet wurde, sondern „Utopien", die „jede Bedingung eines Auftrags unterlaufen", um mit Hans Belting zu sprechen.

Der Traum der Freiheit – nochmals wird er nach 500 Jahren als ein Thema aus der Geschichte in die Gegenwart vermittelt. Mit einer großen Gebärde holt Werner Tübke eine der kräftigsten und schöpferischsten Zeiten ins Heute. Nicht ohne Ironie grüßt er von Leipzig aus hinüber zu Thomas Murner nach Straßburg (Abb. 10), als trennte beide die Zeit noch weniger als der Raum. Nirgendwo in Deutschland ist die *bürgerliche Revolution* von 1848 so präsent wie die *Revolution des Gemeinen Mannes* von 1525 in Frankenhausen. Als Kunstwerk kann es die Paulskirche in Frankfurt mit dem „Panorama" in Frankenhausen nicht aufnehmen. So setzt die Kunst listig und subversiv ihre Maßstäbe für eine historische Gerechtigkeit.

Abb. 10: Werner Tübke, Der Kampf um das Freiheitsbanner. Öl auf Leinwand. Bildvorlage Werner Tübke, Reformation – Revolution. Panorama Frankenhausen, Dresden [VEB Verlag der Kunst] 1988, S. 107. © VG Bild-Kunst, Bonn 2011.

Über 300 Jahre diente der Bauernkrieg den intellektuellen und politischen Eliten als Zuchtmittel, um den Untertanen Gehorsam gegenüber jeder Obrigkeit als gottgewollt einzubläuen. *Ungehorsam* war die Chiffre für 1525, nicht *Freiheit*. Die Reformatoren haben die Bauern um die Möglichkeit der Freiheit als ein Recht jedes Menschen gebracht, mit – wie man heute sagen muß – theologisch keineswegs plausiblen Argumenten. Anders wäre es nicht erklärbar, daß die christlichen Kirchen sich, ihre eigenen Traditionen vergessend, heute zur Freiheit als einem Menschenrecht bekennen. Es ist keine plumpe anachronistische Aktualisierung der Kernforderung der Bauern von 1525 – *der Gesellschaft* sollte man besser sagen –, darauf hinzuweisen, daß der dort entwickelte Freiheitsbegriff dem heutigen näher steht als der Luthers und der Reformatoren.

## Nachwort

Dr. Andreas Würgler und Philipp Dubach haben freundlicherweise das Manuskript mit Sachverstand und Sprachgefühl kritisch gelesen, Dr. Stefan von der Lahr hat es vorbildlich lektoriert.

*Nachwort zur zweiten Auflage:*
Der Text wurde durchgesehen. Anregungen der Kritik habe ich berücksichtigt und soweit nötig eingearbeitet.

*Nachwort zur vierten Auflage:*
Die zweite Auflage wurde, nachdem die dritte unverändert erschienen ist, nach dem neuen Kenntnisstand überarbeitet, stellenweise gestrafft und bibliographisch aktualisiert.

# Zeittafel

**1524**

| | |
|---|---|
| Sommer | Pfarrerwahl durch Gemeinden im Bodenseegebiet erzwungen. Unruhen im eidgenössischen Thurgau. Einnahme der Karthause Ittingen |
| 23. Juni | Paramilitärische Organisation der Stühlinger Bauern, gefolgt von der Verbindung mit der Stadt Waldshut und Unterstützung durch den dortigen Pfarrer Balthasar Hubmaier. |
| Juli-Dezember | Ausweitung auf Schwarzwald, Hegau, Klettgau und Teile des Breisgaus |

**1525**

| | |
|---|---|
| Januar | Beginn der Unruhen in Oberschwaben mit den Zentren um Baltringen (bei Ulm), im Allgäu und am Bodensee |
| | Unruhen in Graubünden (Hochstift Chur, Kloster Pfäfers) |
| 15. Februar | Truchseß Georg von Waldburg, oberster Feldherr des Schwäbischen Bundes, erklärt den Hegauer Bauern den Krieg wegen Landfriedensbruchs |
| | Durchbruch des „göttlichen Rechts“ als Legitimation des Aufstandes in Oberschwaben |
| 6./7. März | Gründung der „Christlichen Vereinigung“ der oberschwäbischen Bauern in Memmingen. Verabschiedung der Bundesordnung (Verfassungsentwurf) und vermutlich Beratung der „Zwölf Artikel“. Druck beider Schriften in hoher Auflage |
| | Benennung führender Reformatoren (Luther, Zwingli und andere) als Schiedsrichter. |
| 2. Hälfte März | Aufstände in Rothenburg o.d. Tauber, im Neckartal, Odenwald und Hochstift Würzburg |
| 4. April | Erste Schlacht des Bauernkriegs bei Leipheim (Ulm) |
| Mitte April | Beginn des Aufstands im Elsaß, in Württemberg, auf der Zürcher Landschaft, im Hochstift Bamberg |
| 16. April | Weinsberger Tat, Bauern jagen adelige Besatzung durch die Spieße |
| 17. April | Weingartner Vertrag zwischen Jörg Truchseß (Schwäbischer Bund) und den oberschwäbischen Bauern (Bodenseer), der Allgäuer Haufe tritt nicht bei |
| 2. Hälfte April | Aufstand im Hersfeld, Rheingau, in Erfurt, in den Hochstiften Basel, Speyer, Eichstätt, in der Klosterherrschaft St. Gallen und den Schweizer Stadtstaaten |

| | |
|---|---|
| 1. Hälfte Mai | Fränkische Adelige, Städte und das Erzstift Mainz werden gezwungen, die „Zwölf Artikel“ in Form der „Amorbacher Erklärung“ anzunehmen (Aufhebung der Leibeigenschaft, Pfarrerwahl durch die Gemeinden u. a.) |
| 9. Mai | Beginn des Aufstands in Tirol unter der Führung von Michael Gaismair |
| 12. Mai | Schlacht bei Böblingen (Württemberg), Sieg des Schwäbischen Bundes |
| 15. Mai | Schlacht bei Frankenhausen (Thüringen), Sieg Philipps von Hessen und Georgs von Sachsen |
| 16. Mai | Schlacht bei Zabern (Elsaß), dann Scherweiler, Sieg Herzog Antons von Lothringen |
| 27. Mai | Hinrichtung Thomas Müntzers |
| 2. Juni | Schlacht bei Königshofen (Franken), Sieg des Schwäbischen Bundes |
| 1. Hälfte Juni | Unterwerfung der abgefallenen Städte des Erzstifts Mainz<br>Beginn des Aufstands im Erzstift Salzburg |
| 8. Juni | Massenhinrichtungen in Würzburg durch den Schwäbischen Bund |
| 12. Juni | Tiroler Landtag in Innsbruck, Ausschluß von Geistlichkeit (und temporär des Adels) von den Verhandlungen. Ergebnis: Tiroler Landesordnung erledigt die 96 Beschwerden der Bürger und Bauern und bleibt mit späteren Modifikationen bis ins späte 18. Jahrhundert gültig. |
| Mitte Juli | Schlacht bei Schladming, Sieg der Salzburger Bauern<br>Schlacht bei Leubas (Allgäu), Sieg des Schwäbischen Bundes<br>Unterwerfung von Mainz, Frankfurt und Rheingau |
| 11. August | Kaiser Karl V. informiert den englischen König Heinrich VIII. über den Aufstand im Reich |

**1526**

| | |
|---|---|
| 20. Januar | Memminger Vertrag zwischen dem Fürststift Kempten und seine Untertanen |
| 25. Juni | Zweiter Ilanzer Artikelbrief, das Hochstift Chur wandelt sich in die Republik Graubünden |
| 2. Juli | Militärische Niederwerfung der Salzburger |

# Anmerkungen

Vorbemerkung zur Zitierweise der Quellen:
Quellenbelege werden der leichteren Lesbarkeit wegen modernisiert. Groß- und Kleinschreibung folgt heutigem Gebrauch, Konsonantenhäufungen sind, soweit sie nicht eine Dehnung oder Verkürzung der vorgängigen oder nachfolgenden Silbe ausdrücken, getilgt. y wird durch i ersetzt, soweit es sich nicht um Lehnwörter aus dem Griechischen oder Eigennamen handelt. Die Interpunktion erfolgt sinngemäß. Um die Zitate nicht mit ergänzenden Erläuterungen zu belasten, wurden sprachliche Eigenheiten der Zeit, dem Wunsch des Verlagslektorats entsprechend, stillschweigend aufgelöst (zum Beispiel Gottes statt *gotz*, heilig statt *helig*) und mittelhochdeutsche Formen modernisiert (frei statt *fri*). Auf eine durchgängig hochdeutsche Fassung der Quellenzitate wurde verzichtet, um einen höchstmöglichen Grad von sprachlicher Authentizität zu gewährleisten. Zitate aus dem vorliegenden Band zu borgen (nach dem verbreiteten Usus *zitiert nach* ...) ist folglich gefährlich.

Vorbemerkung zur Interpretation:
Die interpretatorische Leitlinie folgt in den großen Zügen meiner früheren Darstellung: Peter Blickle, Die Revolution von 1525 [1975], 4. Aufl., München [R. Oldenbourg] 2004. Dort finden sich auch alle Quellen- und Literaturbelege im Detail. Sachprobleme, Personen und Orte lassen sich durch die Gliederung und die Register erschließen.

Vorbemerkung zu Anmerkungen und Bibliographie:
Bibliographie und Anmerkungen beziehen sich nur auf das Thema im engeren Sinn. Zusätzliche Literaturverweise in den Anmerkungen sind in der knappestmöglichen Form gehalten (Vorname abgekürzt, Familienname, Titel, Erscheinungsjahr). Der Rückverweis auf den Text erfolgt durch Stichworte.

## Standortfragen

Die Werke der namentlich genannten Autoren erschließt die Bibliographie. – *Eingangszitate:* L. Ranke, Deutsche Geschichte im Zeitalter der Reformation I (hg. H. Michel), o. J., 371 f. – Für *Müntzer und Täufer*: Goertz, Müntzer [dort dessen ältere Arbeiten]. Nipperdey, Müntzer. Stayer, Peasants' War. Steinmetz, Müntzers Weg nach Allstedt [dort dessen ältere Arbeiten]. Vogler, Müntzer. – Für die DDR-Forschung: Hoyer, Ursachen. Laube, Bemerkungen. Steinmetz, Thesen. Vogler, Marx. Ders., Revolutionäre Bewegungen. – Bauernkrieg als *Brennpunkt von Fragestellungen* abgebildet in den Sammelbänden von Blickle, Revolte. Brendler-

Laube, Bauernkrieg. Buszello u.a., Bauernkrieg. Dörrer, Bauernkriege. Wehler, Bauernkrieg. Wohlfeil, Bauernkrieg. Ders., Reformation. – *Deutsche Forschung* referiert in Berichten von Schulze, Reformation. Press, Bauernkrieg. Scott, Review. Müller, Diktatur. – *Internationale Forschung* [nur Namen in der Reihenfolge der Länder]: D. W. Sabean, B. Scribner, J. Stayer, X. Zhu, R. Maema, T. Scott, H. Neveux, G. Politi, A. Stella, J. Macek. – *Revolutionsforschung* [Auswahl]: M. Bookchin, The Third Revolution, 1996, 38–60. P. Zagorin, Rebels and rulers, 1500–1660, Bd. 1, 1982, 186–208.

## Kapitel 1

Der ereignisgeschichtliche Abriß stützt sich stark auf: Franz, Bauernkrieg 1. – Die Quellenzitate mehrheitlich aus: Franz, Quellen Bauernkrieg, teilweise aus: Blickle, Revolution [in beiden Fällen erschließbar über die Ortsregister]. – Die *Stumpf-Zitate* aus: Gagliardi-Müller-Büsser, Stumpfs Reformationschronik. – Für Waldburg: Vochezer, Waldburg. – *Murers Chronik* ediert von Franz-Fleischhauer, Weißenauer Chronik, die Quellen für Oberschwaben bei: Baumann, Akten. Ders., Quellen. – Für den Schwäbischen Bund als Kriegsherrn Carl, Schwäbischer Bund, 482–499. – Diskussion *Zwölf Artikel – Bundesordnung* erschließt: Seebaß, Artikelbrief. Interpretation: Walder, Zwölf Artikel. – Luther zum *Weingartner Vertrag*: Luther, Werke 18, 343. Neuinterpretation der *Weinsberger Tat:* Maurer, Bauernkrieg. – Prozesse *Ensisheim gegen Priester* bei: Ulbrich, Geistliche im Widerstand. – *Alpenländer* ergänzend Beiträge von: A. Laube, K.-H. Ludwig, H. Dopsch, in: Dörrer, Bauernkriege. Für *Chur:* Th. Albert, Der Gemeine Mann vor dem Geistlichen Gericht, 1998. Vasella, Bauernkrieg.

## Kapitel 2

Zur Konzeptualisierung des Begriffs *Gemeiner Mann* Blickle, Landschaften. Ders., Revolution, 165–195. Daran anschließend reiche Buch- und Aufsatzliteratur: Lutz, Der gemeine Mann. Laube, Bemerkungen. – *Bauern und Bürger:* Czok, Vorstädte in Sachsen. Scott, Waldshut. Sea, Cities. Dirlmeier, Stadt. Krebs, Vorderösterreichische Städte. Rammstedt, Stadtunruhen. – *Bauern und Berknappen:* Mittenzwei, Joachimstaler. Laube, Schwazer Bergarbeiter. Ders., Bergarbeiter. Ludwig, Bergleute. – Die Zitate aus den *Bauernkriegsmonographien*: Franz, Bauernkrieg 1, 470. Vogler, Gewalt, 196, 197. Engels, Bauernkrieg, 329. Zimmermann, Bauernkrieg, 5. Scott-Scribner, Peasant's War, 64. – Referenzen *Süddeutschland und Schweiz* bei: Buszello, Bauernkrieg, 67–91. Brady, Turning Swiss. Die *Schweizer Quellen* im wesentlichen nach: Egli, Zürcher Reformation. Müller, Rechtsquellen St. Gallen. Strickler, Eidgenössische Abschiede. *Literatur:* Burckhardt, Basel. Nabholz, Ursachen des

Bauernkrieges. Dietrich, Bauernunruhen. Landolt, Basler Landschaft. O. Vasella, Geistliche und Bauern, 1996 [reichhaltige Aufsatzsammlung]. Kamber, Reformation in Zürich.

## Kapitel 3

Die *Kemptener Quelle* bei: Blickle-Holenstein, Agrarverfassungsverträge, 120–164. *Die übrigen Quellen* bei: Franz, Quellen Bauernkrieg. Schreiber, Bauernkrieg Urkunden. Egli, Zürcher Reformation. – *Luthers Freiheitsschrift* in: Luther, WA 6, 404–469. Übrige Belege verstreut: WA 6, 213, WA 7, 445, WA 18, 110. – Die Zitate der *Juristen* mehrheitlich bei: R. Blickle, Leibeigenschaft, 53–79. – *Karl V.* – *England:* Hollaender, Almayne [ohne Identifizierung der Vorlage]. – *Literatur Leibeigenschaft*: Müller, Widerstand gegen die Leibeigenschaft. Rabe, Leibeigenschaft. Ulbrich, Leibherrschaft.

## Kapitel 4

*Quellen Bauernkrieg* aus: Franz, Quellen Bauernkrieg, 85–123, 295–304. Schreiber, Bauernkrieg Urkunden, 179–184. Wopfner, Quellen Bauernkrieg Deutschtirol, 50–67. Fuchs-Franz, Akten Bauernkrieg Mitteldeutschland, 250–253. – Für *Schwyz:* M. Kothing (Hg.), Das Landbuch von Schwyz, 1850, 14. *Montafon:* K. H. Burmeister (Hg.), Vorarlberger Weistümer I, 1973. *Zürich:* Egli, Zürcher Reformation, 702–711. – Die *Rechtsproblematik diskutieren:* Franz, Bauernkrieg 1, 134–146. Bierbrauer, Recht. Maron, Bauernkrieg. Blickle, Gemeindereformation. Burmeister, Rechtsfindung. Becker, Göttliches Wort. Neveux, Révoltes paysannes, 118–128. – Für das *Mittelalter:* J. Weitzel, Dinggenossenschaft und Recht, 1985.

## Kapitel 5

Quellen für *die kommunal-bündischen Entwürfe* bei: Franz, Quellen Bauernkrieg, 166–178. Virck, Correspondenz der Stadt Strassburg, 142f., 162f. Fuchs-Franz, Akten Bauernkrieg Mitteldeutschland, 250–253. Quellen für *die landständischen Entwürfe:* Franz, Quellen Bauernkrieg, 429f. Leist, Quellen-Beiträge Bauern-Aufruhr, 6–10, 45f. Widmann, Beiträge, 20–27. – Quellen für *Theorien* [An die Versammlung]: Hoyer-Rüdiger, An die Versammlung, 87–119 [auch Interpretation]. – Die Diskussion der *Programme:* Arnold, damit der arme man. Buszello, Bauernkrieg. Ganseuer, Der Staat des „gemeinen Mannes" [und alle Literatur zu Hubmaier, Gaismair und Müntzer]. – Zur *Utopie-Gattung:* F. Seibt, Utopica, 1972, 48–104.

## Kapitel 6

*Quellen für Verträge:* Blickle-Holenstein, Agrarverfassungsverträge, 108–119. Franz, Quellen Bauernkrieg, 563–569. Hartfelder, Beiträge, 419–435. Für Bemühungen des Reichstags Aulinger, Reichstagsakten. – *Praesumptio pro libertate*: W. Schulze, Bäuerlicher Widerstand und feudale Herrschaft in der frühen Neuzeit, 1980, 128–140. R. Blickle, Leibeigenschaft. – *Kriminalisierung* von Bünden, Quellen: W. Ohr/E. Kober (Hgg.) Württembergische Landtagsakten I, 1, 1913, 213f. Der Fürstlichen Grafschaft Tirol Landesordnung, 1526 [Anhang]. – Bauernkriegs-*Historiographie* über Namen erschließbar in Bibliographie. Neuere kritische Würdigungen von Wilhelm Zimmermann in Müller-Schindling, Zimmermann [Beiträge P. Blickle, G. Vogler], von Günther Franz und Max Steinmetz bei Müller, Diktatur. – H. Belting, Die Deutschen und ihre Kunst, 1992, 66f. – Arnscheid, Wandlungen. Blickle, Von der Leibeigenschaft, 244–259. Brady, Histories, 197–200. Kaufmann, Reformation, 498–502.

# Quellen und Literatur

Die in den Anmerkungen benützten Kurztitel sind durch *Kursive* kenntlich gemacht. Eine ausführlichere Bibliographie in: Blickle, Revolution, 341–356, und von Bierbrauer, in: Buszello u. a. (Hgg.), Bauernkrieg, 353–407.

## Quellen

Das Verzeichnis berücksichtigt nur Quelleneditionen. Quellenstücke, die im Anhang von Darstellungen gegeben werden, sind unter der Literatur aufgenommen.


Aulinger, Rosemarie: Deutsche *Reichstagsakten* unter Kaiser Karl V. Der Reichstag zu Augsburg 1525, der Reichstag zu Speyer 1526, der Fürstentag zu Esslingen 1526 (Deutsche Reichstagsakten, Jüngere Reihe 5./6. Bd.), München 2011.

Baumann, Franz Ludwig: *Akten* zur Geschichte des deutschen Bauernkrieges aus Oberschwaben, Freiburg i. Br. 1877.

– *Quellen* zur Geschichte des Bauernkriegs in Oberschwaben (Bibliothek des litterarischen Vereins in Stuttgart, Bd. 129), Tübingen 1876.

Blickle, Peter, André Holenstein, *Agrarverfassungsverträge.* Eine Dokumentation zum Wandel in den Beziehungen zwischen Herrschaften und Bauern am Ende des Mittelalters (Quellen und Forschungen zur Agrargeschichte, Bd. 42), Stuttgart 1996.

Egli, Emil: Aktensammlung zur Geschichte der *Zürcher Reformation* in den Jahren 1519–1533, Zürich 1879 [Nachdruck Aalen 1973].

Franz, Günther: *Quellen* zur Geschichte des *Bauernkrieges* (Ausgewählte Quellen zur deutschen Geschichte der Neuzeit. Freiherr vom Stein-Gedächtnisausgabe, Bd. 2), Darmstadt 1963.

– Thomas Müntzer. Schriften und Briefe. Kritische Gesamtausgabe unter Mitarbeit von Paul Kirn (Quellen und Forschungen zur Reformationsgeschichte, Bd. 33), Gütersloh 1968.

Franz, Günther, Werner Fleischhauer: Jacob Murers *Weißenauer Chronik* von 1525. Text und Kommentar, Sigmaringen 1977.

Fuchs, Walter Peter, Günther Franz: *Akten* zur Geschichte des *Bauernkrieges* in *Mitteldeutschland*, Bd. II, Jena 1942 [Nachdruck Aalen 1964].

Gagliardi, Ernst, Hans Müller, Fritz Büsser: Johannes *Stumpfs* Schweizer- und *Reformationschronik*, 1. Teil (Quellen zur Schweizer Geschichte, Neue Folge, Abt.: Chroniken, Bd. 5), Basel 1952.

Hartfelder, Karl: Urkundliche *Beiträge* zur Geschichte des Bauernkrieges im Breisgau, in: Zeitschrift für die Geschichte des Oberrheins 34 (1882), S. 393–466.

Hoyer, Siegfried, Bernd Rüdiger: *An die Versammlung* gemeiner Bauernschaft. Eine revolutionäre Flugschrift aus dem Deutschen Bauernkrieg (1525), Leipzig 1976.

Leist, Friedrich: *Quellen-Beiträge* zur Geschichte des *Bauern-Aufruhrs* in Salzburg 1525 und 1526, Salzburg 1888.

Luther, Martin: Werke. Kritische Gesamtausgabe, 60 Bde., Weimar 1883 ff. [zitiert als WA mit Bandnummer].

Müller, Walter: Die *Rechtsquellen* des Kantons *St. Gallen*, 1. Teil: Die Rechtsquellen der Abtei St. Gallen, 2. Reihe, Bd. 1: Die allgemeinen Rechtsquellen der Alten Landschaft (Sammlung Schweizerischer Rechtsquellen XIV), Aarau 1974.

Schreiber, Heinrich: Der deutsche *Bauernkrieg*, gleichzeitige *Urkunden* (Urkundenbuch der Stadt Freiburg NF) [3 Teile, I: 1524; II: Januar–Juli 1525, III: Juli–Dezember 1525], Freiburg 1864–66.

Scott, Tom, Bob Scribner: The German *Peasants' War*. A History in Documents, New Jersey-London 1991.

Strickler, Johann: Die *Eidgenössischen Abschiede* aus dem Zeitraume von 1521 bis 1528 (Amtliche Sammlung der älteren Eidgenössischen Abschiede, Bd. 4, Abt. 1a), Brugg 1873.

Virck, Hans: Politische *Correspondenz der Stadt Strassburg* im Zeitalter der Reformation, Bd. 1: 1517–1530 (Urkunden und Akten der Stadt Strassburg, 2. Abt.), Strassburg 1882.

Vogt, Wilhelm: Die Correspondenz des schwäbischen Bundeshauptmannes Ulrich Artzt von Augsburg aus den Jahren 1524–1527. Ein Beitrag zur Geschichte des schwäbischen Bundes und des Bauernkrieges, in: Zeitschrift des Historischen Vereins für Schwaben und Neuburg 6 (1879), S. 271–404; 7 (1880), S. 233–380; 9 (1882), S. 1–62; 10 (1883), S. 1–298.

Walchner, K., Johann Bodent: Biographie des Truchsessen Georg III. von Waldpurg, aus handschriftlichen Quellen bearbeitet und mit einem Anhang von Urkunden versehen, Constanz 1832.

Wopfner, Hermann: *Quellen* zur Geschichte des *Bauernkrieges* in *Deutschtirol* 1525, 1. Teil: Quellen zur Vorgeschichte des Bauernkrieges; Beschwerdeartikel aus den Jahren 1519–1525 (Acta Tirolensia, Bd. 3), Innsbruck 1908 [Nachdruck Aalen 1973].

## Literatur

Arnold, Klaus: „*damit der arm man* vnnd gemainer nutz iren furgang haben ..." Zum deutschen „Bauernkrieg" als politischer Bewegung: Wendel Hiplers und Friedrich Weygandts Pläne einer „Reformation" des Reiches, in: Zeitschrift für Historische Forschung 9 (1982), S. 257–313.

Arnscheidt, Margrit: *Wandlungen* in der Auffassung des deutschen Bauernkriegs zwischen 1790 und 1848, Diss. phil. Heidelberg 1976.

Becker, Winfried: „*Göttliches Wort*", „göttliches Recht", „göttliche Gerechtigkeit". Die Politisierung theologischer Begriffe?, in: P. Blickle (Hg.), Revolte, S. 232–263.

Bergsten, Torsten: Balthasar Hubmaier. Seine Stellung zu Reformation und Täufertum 1521–1528 (Acta Universitatis Upsaliensis. Studia Historico – Ecclesiastica Upsaliensia, Bd. 3), Kassel 1961.

Bierbrauer, Peter: Die *Reformation in* den Schaffhauser Gemeinden *Hallau und Thayngen*, in: P. Blickle (Hg.), Zugänge, S. 21–53.

– Das Göttliche *Recht* und die naturrechtliche Tradition, in: Peter Blickle (Hg.), Bauer, Reich und Reformation. Festschrift für Günther Franz, Stuttgart 1982, S. 210–234.

Bischoff, Georges: La guerre des Paysans. L'Alsace et la révolution de Bundschuh 1493–1525, Strasbourg 2010.

Blickle, Peter: *Von der Leibeigenschaft* zu den Menschenrechte. Eine Geschichte der Freiheit in Deutschland, München ²2006.

– *Gemeindereformation.* Die Menschen des 16. Jahrhunderts auf dem Weg zum Heil [1985], München ²1987.

– Die *Revolution* von 1525 [1975], München ⁴2004.

– *Landschaften* im Alten Reich. Die staatliche Funktion des gemeinen Mannes in Oberdeutschland, München 1973.

Blickle, Peter (Hg.): *Revolte* und Revolution in Europa (Historische Zeitschrift, Beiheft 4 NF), München 1975.

Blickle, Peter (Hg.): *Zugänge* zur bäuerlichen Reformation (Bauer und Reformation, Bd. 1), Zürich 1987.

Blickle, Renate: *Leibeigenschaft*, in: Jan Peters (Hg.), Gutsherrschaft als soziales Modell (Historische Zeitschrift, Beiheft 18 NF), München 1995, S. 53–79.

Brady, Thomas A. Jr.: *German Histories* in the Age of Reformations, 1400–1650, Berkeley 2009.

– *Turning Swiss.* Cities and Empire, 1450–1550, Cambridge 1985.

Brecht, Martin: Der theologische Hintergrund der Zwölf Artikel der Bauernschaft in Schwaben von 1525. Christoph Schappelers und Sebastian Lotzers Beitrag, in: Zeitschrift für Kirchengeschichte 85 (1974), S. 174–208.

Brendler, Gerhard, Adolf Laube (Hgg.): Der deutsche *Bauernkrieg* 1524/25. Geschichte – Traditionen – Lehren (Akademie der Wissenschaften der DDR. Schriften des Zentralinstituts für Geschichte, Bd. 57), Berlin 1977.

Burckhardt, Paul: Die Politik der Stadt *Basel* im Bauernkrieg des Jahres 1525, Basel 1896.

Burgard, Paul: Tagebuch einer Revolte. Ein städtischer Aufstand während des Bauernkrieges 1525 (Historische Studien, Bd. 20), Frankfurt-New York 1998.

Burmeister, Karl Heinz: Genossenschaftliche *Rechtsfindung* und herrschaftliche Rechtssetzung. Auf dem Weg zum Territorialstaat, in: P. Blickle (Hg.), Revolte, S. 171–185.

Buszello, Horst: Der deutsche *Bauernkrieg* als politische Bewegung mit besonderer Berücksichtigung der anonymen Flugschrift an die Versam-

lung gemayner Pawerschafft (Studien zur europäischen Geschichte, Bd. 8), Berlin 1969.
– Legitimation, Verlaufsformen und Ziele, in: H. Buszello u.a. (Hgg.), Bauernkrieg, S. 281–321.
Buszello, Horst, Peter Blickle, Rudolf Endres (Hgg.): Der deutsche *Bauernkrieg,* Paderborn [3]1995 [Einzelbeiträge gegenüber der 1. Aufl. von 1984 unverändert].
Carl, Horst: *Der Schwäbische Bund* 1488–1534. Landfrieden und Genossenschaft im Übergang vom Spätmittelalter zur Reformation (Schriften zur südwestdeutschen Landeskunde 24), Leinfelden-Echterdingen 2000.
Conrad, Franziska: Reformation in der bäuerlichen Gesellschaft. Zur Rezeption reformatorischer Theologie im Elsaß (Veröffentlichungen des Instituts für europäische Geschichte Mainz, Abteilung für abendländische Religionsgeschichte, Bd. 116), Stuttgart 1984.
Czok, Karl: Zur sozialökonomischen Struktur und politischen Rolle der *Vorstädte in Sachsen* und Thüringen im Zeitalter der deutschen frühbürgerlichen Revolution, in: Wissenschaftliche Zeitschrift der Karl-Marx-Universität, Gesellschafts- und Sprachwissenschaftliche Reihe 24 (1975), S. 53–68.
Dietrich, Christian: Die Stadt Zürich und ihre Landgemeinden während der *Bauernunruhen* von 1489 bis 1525 (Europäische Hochschulschriften, Reihe 3, Bd. 229), Frankfurt/M.-Bern 1985.
Dirlmeier, Ulf: *Stadt* und Bürgertum. Zur Steuerpolitik und zum Stadt-Land-Verhältnis, in: H. Buszello u. a. (Hgg.), Bauernkrieg, S. 254–280.
Dörrer, Fridolin (Hg.): Die *Bauernkriege* und Michael Gaismair. Protokoll des internationalen Symposiums vom 15. bis 19. November 1976 in Innsbruck-Vill (Veröffentlichungen des Tiroler Landesarchivs, Bd. 2), Innsbruck 1982.
Endres, Rudolf: Der Bauernkrieg in Franken, in: Blätter für deutsche Landesgeschichte 109 (1973), S. 31–68.
– Ursachen, in: H. Buszello u. a. (Hgg.), Bauernkrieg, S. 217–253.
Engels, Friedrich: Der deutsche *Bauernkrieg*, in: Karl Marx, Friedrich Engels, Werke, Bd. 7, Berlin 1978, S. 327–413.
Fauth, Dieter: Verfassungs- und Rechtsvorstellungen im Bauernkrieg 1524/25, in: Zeitschrift der Savigny-Stiftung für Rechtsgeschichte, Kanonistische Abteilung 81 (1995), S. 225–248.
Franz, Günther: Der deutsche *Bauernkrieg,* 1. Auflage, München 1933, Darmstadt [12]1982.
– Die Entstehung der „Zwölf Artikel“ der deutschen Bauernschaft, in: Archiv für Reformationsgeschichte 36 (1939), S. 195–213.
Gabel, Helmut, Winfried Schulze: Folgen und Wirkungen, in: H. Buszello u.a. (Hgg.), Bauernkrieg, S. 322–349.
Ganseuer, Frank: *Der Staat des „gemeinen Mannes“.* Gattungstypologie und Programmatik des politischen Schrifttums von Reformation und Bauernkrieg (Europäische Hochschulschriften, Reihe 3, Bd. 228), Frankfurt/M.-Bern 1985.

Garlepp, Hans-Hermann: Der Bauernkrieg von 1525 um Biberach an der Riß. Eine wirtschafts- und sozialgeschichtliche Betrachtung des aufständischen Bauern (Schriften zur europäischen Sozial- und Verfassungsgeschichte, Bd. 5), Frankfurt/M.-Bern 1987.
Goertz, Hans-Jürgen: Thomas *Müntzer*. Mystiker, Apokalyptiker, Revolutionär, München 1989.
Heimpel, Hermann: Fischerei und Bauernkrieg, in: Festschrift Percy Ernst Schramm, Bd. 1, Wiesbaden 1964, S. 353–372.
Herding, Otto: Leibbuch, Leibrecht, Leibeigenschaft im Herzogtum Wirtemberg, in: Zeitschrift für württembergische Landesgeschichte 11 (1952), S. 157–188.
Hohn, Malte: Die rechtlichen Folgen des Bauernkrieges von 1525. Sanktionen, Ersatzleistungen und Normsetzung nach dem Aufstand (Schriften zur Rechtsgeschichte, Heft 112), Berlin 2004.
Holenstein, André: Bauern zwischen Bauernkrieg und Dreißigjährigem Krieg (Enzyklopädie deutscher Geschichte, Bd. 38). München 1996.
Hollaender, Albert: ‚Articles of *Almayne*'. An English Version of German Peasants' Gravamina, 1525, in: J. Corway Davies (Hg.), Studies presented to Sir Hilary Jenkinson, London 1957, S. 164–177.
Hoyer, Siegfried: Wirtschaftliche und soziale *Ursachen* des deutschen Bauernkrieges. Das Beispiel Thüringen, in: Zeitschrift für Geschichtswissenschaft 29 (1981), S. 1106–1120.
Irsigler, Franz: Zu den wirtschaftlichen Ursachen des Bauernkriegs von 1525/26, in: Kurt Löcher (Hg.), Martin Luther und die Reformation in Deutschland (Schriften des Vereins für Reformationsgeschichte, Bd. 194), Schweinfurt o. J., S. 95–120.
Kamber, Peter: *Reformation* als bäuerliche Revolution. Bildersturm, Klosterbesetzungen und Kampf gegen die Leibeigenschaft *in Zürich* zur Zeit der Reformation (1522-25), Zürich 2010.
Kaufmann, Thomas: Geschichte der *Reformation*, Frankfurt am Main 2009.
Krebs, Manfred: Die Rechtfertigungsschriften der *vorderösterreichischen* *Städte* vom Jahre 1526. Dokumente zur Geschichte des Bauernkriegs am Oberrhein, in: Zeitschrift für die Geschichte des Oberrheins 93 (1941), S. 9–77.
Kuhn, Elmar L. (Hg.): Der Bauernkrieg in Oberschwaben, Tübingen 2000.
Landolt, Niklaus: Untertanenrevolten und Widerstand auf der *Basler Landschaft* im 16. und 17. Jahrhundert, Liestal 1996.
Laube, Adolf: Der Aufstand der *Schwazer Bergarbeiter* 1525 und ihre Haltung im Tiroler Bauernkrieg. Mit einem Quellenanhang, in: Jahrbuch für Geschichte des Feudalismus 2 (1978), S. 225–258.
– Zum Problem des Bündnisses von *Bergarbeitern* und Bauern im deutschen Bauernkrieg, in: Gerhard Heitz, Adolf Laube, Max Steinmetz, Günter Vogler (Hgg.), Der Bauer im Klassenkampf. Studien zur Geschichte des deutschen Bauernkrieges und der bäuerlichen Klassenkämpfe im Spätfeudalismus, Berlin 1975, S. 83–110.

– *Bemerkungen* zur These von der „Revolution des gemeinen Mannes", in: Zeitschrift für Geschichtswissenschaft 26 (1978), S. 607–614.

Locher, Gottfried W.: Die Zwinglische Reformation im Rahmen der europäischen Kirchengeschichte, Göttingen-Zürich 1979.

Ludwig, Karl-Heinz: *Bergleute* im Bauernkrieg, in: Zeitschrift für Historische Forschung 5 (1978), S. 23–47.

Lutz, Robert H.: Wer war *der gemeine Mann*? Der dritte Stand in der Krise des Spätmittelalters, München-Wien 1979.

Macek, Josef: Der Tiroler Bauernkrieg und Michael Gaismair, Berlin 1965.

Maron, Gottfried: Artikel *Bauernkrieg,* in: Theologische Realenzyklopädie, Bd. V, Lieferung 3/4, Berlin-New York 1979, S. 321–338.

Maurer, Hans-Martin: Der *Bauernkrieg* als Massenerhebung. Dynamik einer revolutionären Bewegung, in: Bausteine zur geschichtlichen Landeskunde von Baden-Württemberg, Stuttgart 1979, S. 255–295.

Mittenzwei, Ingrid: Der *Joachimsthaler* Aufstand 1525. Seine Ursachen und Folgen (Deutsche Akademie der Wissenschaften zu Berlin. Schriften des Institutes für Geschichte, Reihe III, Bd. 6), Berlin 1968.

Müller, Laurenz: *Diktatur* und Revolution. Reformation und Bauernkrieg in der Geschichtsschreibung des ‚Dritten Reiches' und der DDR (Quellen und Forschungen zur Agrargeschichte, Bd. 50), Stuttgart 2004.

Müller, Roland, Anton Schindling (Hgg.): Bauernkrieg und Revolution, Wilhelm *Zimmermann* (Veröffentlichungen des Stadtarchivs Stuttgart, Bd. 100), Hohenheim 2008.

Müller, Walter: Wurzeln und Bedeutung des grundsätzlichen *Widerstandes gegen die Leibeigenschaft* im Bauernkrieg 1525, in: Schriften des Vereins für Geschichte des Bodensees und seiner Umgebung 93 (1975), S. 1–41.

Nabholz, Hans: Zur Frage nach den *Ursachen des Bauernkrieges* 1525, in: Ders., Ausgewählte Aufsätze zur Wirtschaftsgeschichte, Zürich 1954, S. 144–167.

Neveux, Hugues: Les *révoltes paysannes* en Europe XIV$^{e}$–XVII$^{e}$ siècle, Paris 1997.

Nipperdey, Thomas: Theologie und Revolution bei Thomas *Müntzer,* in: Archiv für Reformationsgeschichte 54 (1963), S. 145–181.

Oberman, Heiko A.: Tumultus rusticorum: Vom „Klosterkrieg" zum Fürstensieg. Beobachtungen zum Bauernkrieg unter besonderer Berücksichtigung zeitgenössischer Beurteilungen, in: Zeitschrift für Kirchengeschichte 85 (1974), S. 301–316.

Oka, Hiroto: Der Bauernkrieg in der Landgrafschaft Stühlingen und seine Vorgeschichte seit der Mitte des 15. Jahrhunderts, Konstanz 1998.

Politi, Giorgio: Gli statuti impossibili. La rivoluzione tirolese del 1525 e il ‚programma' di Michael Gaismair, Turin 1995.

Press, Volker: Der *Bauernkrieg* als Problem der deutschen Geschichte, in: Nassauische Annalen 86 (1975), S. 158–177.

Rabe, Hannah: Das Problem *Leibeigenschaft.* Eine Untersuchung über die Anfänge einer Ideologisierung und des verfassungsrechtlichen Wandels

von Freiheit und Eigentum im deutschen Bauernkrieg (Beiheft der Vierteljahrschrift für Sozial- und Wirtschaftsgeschichte 64), Wiesbaden 1977.
Rammstedt, Otthein: *Stadtunruhen* 1525, in: H.-U. Wehler (Hg.), Bauernkrieg, S. 239–276.
Sabean, David W.: Landbesitz und Gesellschaft am Vorabend des Bauernkriegs. Eine Studie der sozialen Verhältnisse im südlichen Oberschwaben in den Jahren vor 1525 (Quellen und Forschungen zur Agrargeschichte, Bd. 26), Stuttgart 1972.
Schulze, Winfried: Die veränderte Bedeutung sozialer Konflikte im 16. und 17. Jahrhundert, in: H.-U. Wehler (Hg.), Bauernkrieg, S. 277–302.
– „*Reformation* oder frühbürgerliche Revolution?" Überlegungen zum Modellfall einer Forschungskontroverse, in: Jahrbuch für die Geschichte Mittel- und Ostdeutschlands 22 (1973), S. 253–269.
Scott, Tom: The German Peasants' War and the "crisis of feudalism". Reflections on a neglected theme, in: Journal of Early Modern History 6 (2002), S. 265-296.
– Reformation and Peasants' War in *Waldshut* and Environs: A structural Analysis, in: Archiv für Reformationsgeschichte 69 (1978), S. 82–102 und 70 (1979), S. 140–168.
– The Peasants' War: A Historiographical *Review*, in: Historical Journal 22 (1979), S. 693–720, 953–974.
– Südwestdeutsche Städte im Bauernkrieg. Bündnisse zwischen Opportunismus und Solidarität, in: Bernhard Kirchgässner, Hans-Peter Becht (Hgg.), Stadt und Revolution, Stuttgart 2001, S. 9–36.
Sea, Thomas F.: Imperial *Cities* and the Peasants' War in Germany, in: Central European History 12 (1978), S. 3–35.
– The German Princes Responses to the Peasants' Revolt of 1525, in: Central European History 402 (2007), S. 219-240.
Seebass, Gottfried: *Artikelbrief,* Bundesordnung und Verfassungsentwurf. Studien zu drei zentralen Dokumenten des südwestdeutschen Bauernkrieges (Abhandlungen der Heidelberger Akademie der Wissenschaften, Phil.-hist. Klasse, Jahrgang 1988, Bd. 1), Heidelberg 1988.
Seger, Josef: Der Bauernkrieg im Hochstift Eichstätt (Eichstätter Studien, Bd. 38), Regensburg 1997.
Seibt, Ferdinand: *Utopica.* Modelle totaler Sozialplanung, Düsseldorf 1972.
Smirin, Moisej Mendeljewitsch: Die Volksreformation des Thomas Münzer und der große Bauernkrieg, Berlin [2]1956.
Sreenivasan, Govind P.: The Social Origins of the Peasants' War of 1524 in Upper Swabia, Past and Present 171 (2001), S. 30–65.
Stayer, James M.: The *Peasants' War* and Anabaptist Community of Goods, Montreal 1991.
Steinmetz, Max: Die frühbürgerliche Revolution in Deutschland (1476–1535). *Thesen* zur Vorbereitung der wissenschaftlichen Konferenz in Wernigerode vom 20. bis 24. Januar 1960, in: R. Wohlfeil (Hg.), Reformation, S. 42–55.

– Thomas *Müntzers Weg nach Allstedt.* Eine Studie zu seiner Frühentwicklung, Berlin 1988.
Stella, Aldo: La rivoluzione contadina del 1525 e l'utopia di Michael Gaismayr, Padova 1975.
Struck, Wolf-Heino: Der Bauernkrieg am Mittelrhein und in Hessen. Darstellung und Quellen (Veröffentlichungen der Historischen Kommission für Nassau, Bd. 21), Wiesbaden 1976.
Tode, Sven: Stadt im Bauernkrieg 1525. Strukturanalytische Untersuchungen zur Stadt im Raum anhand der Beispiele Erfurt, Mühlhausen/Thür., Langensalza und Thamsbrück, Frankfurt/M. 1993.
Trossbach, Werner: Artikel Bauernkrieg, in: Enzyklopädie der Neuzeit, hg. von Friedrich Jäger, 1. Bd., Stuttgart 2004, S. 1048–1061.
Ulbrich, Claudia: *Geistliche im Widerstand*? Versuch einer Quantifizierung am Beispiel des Sundgaus, in: P. Blickle (Hg.), Zugänge, S. 237–265.
– *Leibherrschaft* am Oberrhein im Spätmittelalter (Veröffentlichungen des Max-Planck-Instituts für Geschichte, Bd. 58), Göttingen 1979.
Vasella, Oskar: *Bauernkrieg* und Reformation in Graubünden 1525–1526, in: Zeitschrift für Schweizerische Geschichte 20 (1940), S. 1–65.
Vochezer, Joseph: Geschichte des fürstlichen Hauses *Waldburg* in Schwaben, Bd. 2, Kempten 1900.
Vogler, Günter: Die *Gewalt* soll gegeben werden dem gemeinen Volk. Der deutsche Bauernkrieg 1525 [1975], Berlin ²1983.
– *Marx,* Engels und die Konzeption einer frühbürgerlichen Revolution in Deutschland, in: R. Wohlfeil (Hg.), Reformation, S. 187–204.
– Thomas *Müntzer,* Berlin 1989.
– *Revolutionäre Bewegungen* und frühbürgerliche Revolution, in: Zeitschrift für Geschichtswissenschaft 22 (1974), S. 394–411.
Vogler, Günter (Hg.): Bauernkrieg zwischen Harz und Thüringer Wald (Historische Mitteilungen, Bd. 69), Stuttgart 2008.
Waas, Adolf: Die Bauern im Kampf um Gerechtigkeit 1300–1525, München 1964.
Walder, Ernst: Der politische Gehalt der *Zwölf Artikel* der deutschen Bauernschaft von 1525, in: Schweizer Beiträge zur Allgemeinen Geschichte 12 (1954), S. 5–22.
Wehler, Hans-Ulrich (Hg.): Der Deutsche *Bauernkrieg* 1524–1526 (Geschichte und Gesellschaft, Sonderheft 1), Göttingen 1975.
Widmann, Johann: Zwei *Beiträge* zur salzburgischen Geschichte, in: Jahresbericht des k. k. Staats-Gymnasiums Salzburg 1897, S. 3–28.
Wohlfeil, Rainer (Hg.): Der *Bauernkrieg* 1524–1526. Bauernkrieg und Reformation. Neun Beiträge (nymphenburger texte zur wissenschaft. modelluniversität 21), München 1975.
Wohlfeil, Rainer (Hg.): *Reformation* oder frühbürgerliche Revolution? (nymphenburger texte zur wissenschaft. modelluniversität 5), München 1972.
Zimmermann, Wilhelm: Geschichte des großen Bauernkriegs. Nach den Urkunden und Augenzeugen, Stuttgart ²1856.

# Register